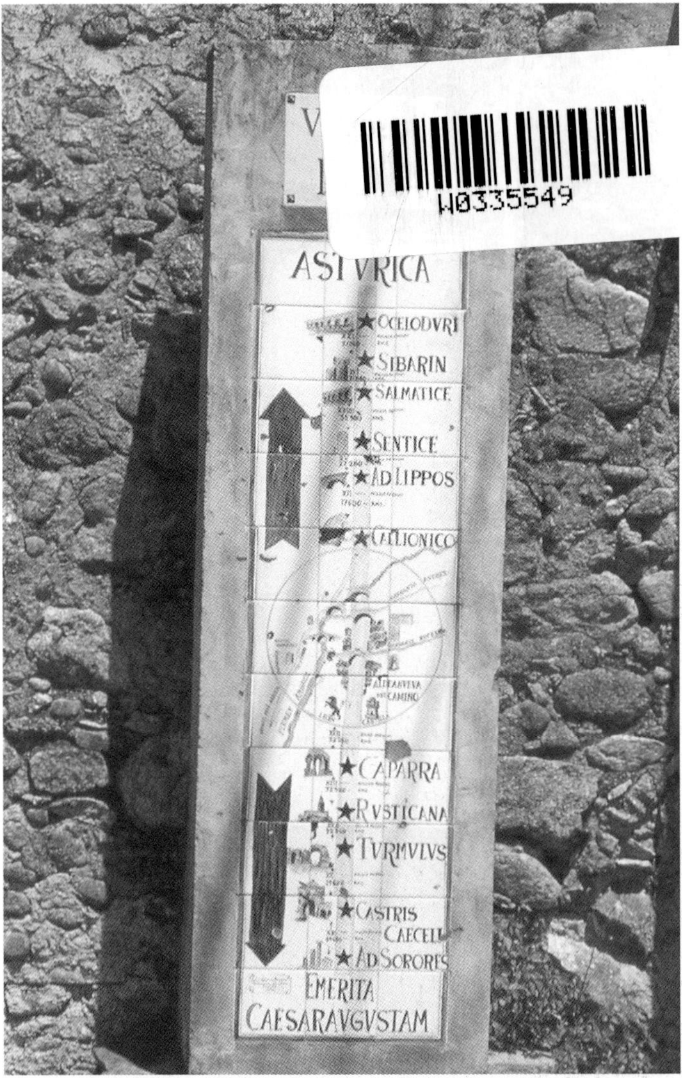
ASTVRICA
OCELODVRI
SIBARIN
SALMATICE
SENTICE
AD LIPPOS
CAPARRA
RVSTICANA
TVRMVLVS
CASTRIS
CAECILI
AD SORORES
EMERITA
CAESARAVGVSTAM

Weg nach Zamora

Band 182

OutdoorHandbuch

Gisela Johannßen

Als Frau allein auf der Via de la Plata

FERNWEHSCHMÖKER

Alle Informationen, schriftlich und zeichnerisch, wurden nach bestem Wissen zusammengestellt und überprüft. Sie waren korrekt zum Zeitpunkt der Recherche. Eine Garantie für den Inhalt, z.B. die immerwährende Richtigkeit von Preisen, Adressen, Telefon- und Faxnummern sowie Internet-Adressen, Zeit- und sonstigen Angaben, kann naturgemäß von Verlag und Autor - auch im Sinne der Produkthaftung - nicht übernommen werden.

Der Autor und der Verlag sind für Lesertipps und Verbesserungen (besonders als E-Mail oder auf Diskette) unter Angabe der Auflagen- und Seitennummer dankbar.

Leser, deren Einsendung verwertet wird, werden in der nächsten Ausgabe genannt und erhalten als Dank ein Exemplar der neuen Auflage oder ein anderes Buch ihrer Wahl aus dem Programm des Verlags.

OutdoorHandbuch aus der Reihe "FernwehSchmöker", Band 182

ISBN 3-89392-582-1 1. Auflage 2005

Dieses OutdoorHandbuch wurde konzipiert und redaktionell erstellt vom
Conrad Stein Verlag GmbH, Postfach 1233, 59512 Welver,
Dorfstr. 3a, 59514 Welver, ☎ 02384/963912, FAX 02384/963913,
<info@conrad-stein-verlag.de>, <http://www.conrad-stein-verlag.de>.

Unsere Bücher sind überall im wohl sortierten Buchhandel und in cleveren Outdoorshops in Deutschland, Österreich und der Schweiz erhältlich.
Auslieferung für den Buchhandel:

D Prolit, Fernwald und alle Barsortimente
A freytag & berndt, Wien
CH AVA-buch 2000, Affoltern und Schweizer Buchzentrum
I Mappa Mondo, Brendola

Text: Gisela Johannßen
Fotos: Raimund Joos
Lektorat: Mona Kriechel
Layout: Manuela Dastig
Gesamtherstellung: Holterdorf, Graphische Betriebe, 59302 Oelde

Dieses OutdoorHandbuch hat 121 Seiten mit 24 schwarzweißen Abbildungen.
Es wurde auf chlorfrei gebleichtem Papier gedruckt.

007900

Ploescher
2005

Inhalt

Über die Autorin

Gisela Johannßen hat sich die Lust auf Abenteuer in Afrika geholt. Bereits 44jährig, bezwang sie den afrikanischen Kontinent im Alleingang. Dass sie aber auch sozusagen vor der Haustür, nämlich im europäischen Nachbarland voll auf ihre Kosten kommen würde, hat sie selbst überrascht.

1. Etappe

Nun- das kann es nicht gewesen sein. Ich hatte mich nicht nach St.-Jean-Pied-de-Port aufgemacht, um nach 28tägigem Leidensweg in Santiago de Compostela anzukommen. Aber so war es. Mit zerschundenen Füßen, die Nichtpilger wohl kaum je in ihrem Leben zu sehen bekommen, bin ich noch vor Tagesanbruch mit schmerzverzerrtem Gesicht aufgebrochen, immer und immer wieder.

Nach halber Wegstrecke (ca. 400 km) in der Pilgerunterkunft des Benediktinerklosters in León hatte ich schon die Adresse des Krankenhauses, wo Fußkranke wie ich beste Versorgung finden, in der Tasche und die Benediktinerschwestern sahen den Tatbestand der Gehunfähigkeit zweifelsohne als erfüllt an und der und nur der erlaubt mehrmaliges Übernachten in der Herberge.

Aber kaum hörte ich gegen 6 Uhr das Knarren der Betten sich regender Pilgerinnen, hielt mich nichts mehr. Einem Automatismus folgend liefen die immergleichen Handgriffe ab. Im Nu war der Schlafsack in der Dunkelheit zusammengerollt und die bereitliegende Kleidung am Leib. Bei der sparsamen Morgentoilette ein ängstlicher Blick auf die Verbände und zahllosen Pflaster an meinen Füßen, mit zusammengebissenen Zähnen hinein in die Stiefel und dann ging es humpelnd den gelben Pfeilen nach durch die dunklen Gassen Leóns. Der Wahnsinn nahm wieder seinen Lauf.

Doch - es hat Momente gegeben in denen ich mich fragte, warum ich mir das antue. Beim Fragen ist es aber geblieben. Das Gefühl weiter zu müssen, mit den anderen mitzuhalten, hat alles andere dominiert. Ich hab mich kaum wiedererkannt. Wo war die individualisierte, emanzipierte Frau in mir geblieben, die ihre Unabhängigkeit über alles stellt, sich Afrika im Alleingang zumutete?

Ausgezogen war ich um zu wachsen, eine Barriere zu überwinden, hinter der ich mir eine Lebenserleichterung versprach. Es war mir nie möglich gewesen, mit fremden Menschen ein Zimmer zu teilen. Aber gerade das ist für einen Pilger selbstverständlich. Was hab ich in den ersten Wochen der Pilgerschaft nicht alles angestellt, um alleine in einem Raum zu schlafen: Wenn alle schliefen meine Matratze in Flure, Küchen, Vorratsräume geschleppt, mitternachts auf die Sofas der Aufenthaltsräume gewechselt, den Herbergsmüttern und- vätern wilde Stories erzählt, damit sie mir einen Schlafsaal aufschlossen, in dem ich allein sein konnte.

Bis mir eines Abends vor körperlicher Erschöpfung die Energie fehlte, um nach einem Ausweg zu suchen, ich im rappelvollen Schlafsaal fix und fertig auf mein Bett sackte. In den folgenden Nächten suchte ich mir Nischen, wo ich Handtuch, Bluse, Hose unter die obere Matratze der Etagenbetten einklemmte, mir Geborgenheitsnester baute. In Holzhammermanier war ich auf meine Seele losgegangen.

Glück und Leid liegen auf dem Jakobsweg dicht beieinander, heißt es. Nun, ich hatte traumhafteste Landstriche durchwandert, weltberühmte Bauwerke besichtigt. Und bin liebenswertesten Menschen begegnet, von denen nicht wenige ein großes Stück meines Weges mit mir teilten und dennoch - ich habe mir was angetan, das nach Wiedergutmachung verlangt!

Die Via de la Plata zieht keine 200.000 Pilger pro Jahr an. Dieser Pilgerweg soll erst allmählich an Beliebtheit zunehmen, war zu lesen. Die Wahrscheinlichkeit auf ihm Gruppenzwängen zu verfallen oder in übervollen Schlafsälen vor sich hinzuleiden wird wohl gering sein.

In den Herbstferien soll es von Sevilla aus losgehen. Die Reiseseiten der Tageszeitungen offerieren One-Ways nach Südspanien in Hülle und Fülle. Hamburg - Jerez passt sich optimal in meine Planung ein. Buche den Rückflug gleich mit.

Im Atlas lässt sich eine Eisenbahnlinie zwischen Jerez und Sevilla ausmachen. Fehlt mir sonst noch was zu meiner Wiedergutmachungspilgerschaft? Ja, das Outdoor Handbuch Spanien: Jakobsweg - Via de la Plata vom Conrad Stein Verlag, das im Oktober auf den Markt kommen soll. "Das ist noch nicht herausgekommen", weiß eine freundliche Buchhändlerin in Hamburgs beliebter Reisebuchhandlung Dr. Goetze am Alstertor zu berichten, "der Autor hat Zwillinge bekommen. Die haben seine Zeitpläne wohl auf den Kopf gestellt." Und dann bedauert sie sehr, dass über die Via de la Plata nichts auf dem Markt ist, das einem Reiseführer nahe käme.

Auf dem Camino Francés, den ich wie gesagt in den Pyrenäen beginnend bis zum Ziel ablief, war mir das ständige Nachschlagen in dem goldgelben Pilgerhandbuch, das seinen Besitzer sofort als deutschen Landsmann outete, schon auf die Nerven gegangen. Weil unnötig. An Hauswänden, Mauern und Bäumen gab es gelbe Pfeile, die den Wegverlauf anzeigen, mehr als genug. Hatte man mal einen übersehen, war das nach 15 Gehminuten klar. Also zurück zum letzten Pfeil. Das ist mir auf 800 km keine dreimal passiert. Der unverlaufbahre Pilgerweg! Eigentlich wenig aufregend.

Aber so reinweg gar nichts in der Hand zu haben ruft deutlich andere Gefühle hervor. Das, was Herr Kasper (der Zwillingspapa) unter der Überschrift "Weitere Jakobswege" in seinem o.g. Reiseführer über die Via de la Plata schreibt, ist alles, was mir bekannt ist: Der alte römische Weg Via de la Plata führt von Sevilla nach Astorga, wo er auf den Camino Francés stößt. Man kann aber auch von Zamora Richtung Nordwesten auf Santiago de Compostela zuhalten. Na denn, schaun wir mal.

Andalusien

Der warme Wind auf dem Flugfeld von Jerez lässt mich vergessen, dass wir Mitte Oktober haben, mit großen Schritten auf den Winter zugehen. Ein paar junge Spanier holen ihren Freund ab, der einige Monate auf dem Hamburger Fischmarkt arbeitete, dabei erstaunlich viel Deutsch aufschnappte. Sie sind mit dem Auto da, nehmen mich mit zum Bahnhof. Über mein Vorhaben in Kenntnis gesetzt, öffnet die Beifahrerin das Handschuhfach und nimmt einen Fahrplan für den Zugverkehr und einen Stadtplan von Sevilla heraus. "Kannst du haben", übersetzt mir der freundliche Heimkehrer, "sie holt sich neue."

Also ehrlich, wie soll man solchen Menschen danken, die einen mal eben so in die Leichte des Lebens versetzen? Es ist die Bedürftigkeit, die die Herzen der Menschen öffnet. Weiß der moderne Mensch das überhaupt? Er flieh sie wie der Teufel das Weihwasser bei gleichzeitigem Beklagen über die zunehmende menschliche Kälte.

Auf dem Bahnhof herrscht großer Andrang. Um mich herum halten sich Dutzende Paare in den Armen. Komisch, es ist Montag, der 13.Oktober.

Die Sonne verabschiedet sich in ihren schönsten Farben. Sie stimmt mich im Gang des total überfüllten Regional Express auf meinem Backpack sitzend in eine freudige Erwartung ein. Das schöne Gefühl mischt sich mit einer Art mitleidiger Empfindung, als ich die weite graue Landschaft vorbeirauschen sehe. Ab und zu unterbrochen von kleinen Ansiedlungen oder weißgetünchten Finca-Gebäuden. Andalusien ist arm, das hatte ich schon als kleines Kind gehört, als die ersten sogenannten Gastarbeiter Mitte der 60er Jahre in unser Dorf kamen. Ein Blick zurück in stillem Lächeln: Ich hab ihnen das Fahrradfahren beigebracht und sie brachten mir jedes Jahr aus ihrem Heimaturlaub samtschwarze Souvenirstiere und Kastagnetten mit.

Schnell ist eine Stunde rum, die Estation de Santa Justa, der Hauptbahnhof von Sevilla, erreicht. Die Dame in der Informacion de Hosteles y Restaurantes schaut mich ungläubig an, als ich nach der Pilgerunterkunft in Sevilla frage. Davon habe sie noch nie gehört. Sie empfiehlt mir das Touristikbüro in der City aufzusuchen, das heute am Feiertag aber leider geschlossen hat. Meine Überzeugung, wonach das Leben selber uns alle Fragen beantwortet, bestätigt sich hier ganz

Prozession am Ausgang von Sevilla

schnell: Am 13.Oktober feiern die Spanier den Geburtstag von Christoph Kolumbus, das verlängerte Wochenende geht also gerade dem Ende zu und in Jerez wie wohl andernorts auch küssten sich die Liebenden goodbye. Mit ein paar Zetteln mit Pensions- und Hoteladressen in der Hand breche ich in der Dunkelheit auf Richtung Centro.

Eine Ordensschwester in schlichter grauer Schwesterntracht geht vor mir. Jemand vom Fach, denke ich, die wird sich in punkto Pilgerfragen auskennen. Mit meinen spärlichen Spanischkenntnissen und ihren paar Brocken Englisch stellen wir ein Gespräch auf die Beine, das sich wohl hauptsächlich von der Hoffnung verstanden zu werden und dem guten Willen helfen zu wollen trägt. Von einem Pilgerweg, der in Sevilla beginnt und sich bis nach Astorga hinaufzieht, hat Schwester Maria Rosa, wie ich beim Austausch unserer Namen erfahre, noch nie gehört. Aber sie will mich mitnehmen, wozu und wohin auch immer, ich lasse mich überraschen.

Wir steigen in die Buslinie 12 ein. Trotz fortgeschrittener Stunde - es geht auf neun zu - ist es immer noch angenehm warm. In den Straßen tummelt sich das Leben, wie man es von Spanien kennt, und ich es liebe.

In einem tristen Garagentor ist eine Tür eingelassen, durch die mich Schwester Maria Rosa in den Innenhof der Congregación Vicente einlässt. Was sie genau vorhat, weiß ich nicht, aber sie möchte eine Legitimation von mir. Gebe ihr meinen Pilgerausweis, mit dem sie in einem dieser vielen Gänge, die von dem überdachten Kreuzgang des Innenhofes abgehen, verschwindet, um sodann mit der Oberin des Hauses wiederzukehren. Eine resolute Erscheinung, die auch noch nie etwas von dem Pilgerweg bzw. einer Unterkunft für Pilger in Sevilla gehört hat. Weitere Schwestern werden befragt, keine kennt die Via de la Plata.

Das fühlt sich nicht gut an. Ich muss an die Zwillinge denken, die ohne absichtliches Zutun die Ursache dafür sind, dass ich nun auf dem Trockenen sitze. "Hier kannst du nicht bleiben," sagt die Oberin zu mir, während mein verdutzter Blick sich auf Schwester Maria Rosa richtet. Die hatte sich wohl für eine Übernachtungsmöglichkeit für mich im Convent stark gemacht und dabei mehr von der Pilgeridee begriffen als sie ahnte. "Nimm das Geld und suche dir ein Hotel" fährt die Oberin fort und will mir 30 Euro in die Hand drücken. "Ich möchte kein Geld," entfährt es mir beinahe zu laut, denn ich bin entsetzt. Schnell ziehe ich die

Pensionsadressen aus der Hosentasche und bitte Schwester Maria Rosa, mir auf meiner Karte einzukreisen, wo sie liegen. Sie begleitet mich zum Bus, zählt die Stationen auf, die ich passieren muss, um dann an der Plaza de la Encarnación auszusteigen und küsst mich zum Abschied sanft auf beide Wangen.

Was hätte ich ihr alles sagen mögen, wenn ich gekonnt hätte. Und doch bin ich sicher, dass sich das Kostbare unserer Begegnung mitteilt.

Mein Herz pocht heftig, als ich die Pension Arcum in der Calle Regina unweit der Plaza endlich gefunden habe. Was tun, wenn die ausgebucht ist - mittlerweile ist es schon nach zehn?

Es gibt noch ein Zimmer, das wirklich, wie von der Información am Bahnhof genannt, nur 14,95 Euro kostet. Javier, der englischsprechende Besitzer, empfängt regelmäßig Pilgergäste. Einmal tief durchgeatmet, ich bin wieder auf der sicheren Seite.

Das sehr gepflegte Haus ist ein Vorzeigeexemplar des typischen Baustils dieser Region. Mein Zimmer ist klein und niedlich, es gefällt mir sehr. Zusammen mit der Sauberkeit, die im ganzen Haus herrscht, trägt es sehr zu meinem Wohlbefinden in dieser Nacht bei.

Kathedrale in Sevilla

Javier meint, der Pilgerweg beginne an der Kathedrale. Das ist doch schon mal was, so habe ich wenigstens ein Ziel vor Augen, als ich aufbreche. Komme nicht weit, denn an der nächsten Ecke lockt mich himmlischer Kaffeeduft aus der Bar La Centuria an. Wie sich herausstellt, sind die Churros, die gerade frisch gebacken werden, noch weitaus himmlischer. In der Ecke öffnet derweilen ein Markt, so dass ich mich für die bevorstehende Wanderung mit Lebensmitteln eindecken kann.

Auf die Frage nach dem Weg zur Kathedrale nimmt mich eine ältere Spanierin ins Schlepptau. So meistere ich den

Weg durch das Gassenlabyrinth des Centro in wenigen Minuten. Als der gewaltige Kathedralenbau plötzlich vor mir steht, verschlägt es mir den Atem. Die Türen sind offen, Bauarbeiter gehen ein und aus. Sie setzen im Inneren ein Baugerüst um. Ich schäme mich fast, weil ich das spektakuläre Bauwerk durchlaufe, als sei es eine überdachte Fußgängerzone, aber alles, was mich im Moment interessiert, ist ein Hinweis darauf, wo die Via de la Plata beginnt.

Wie zufällig treffe ich in der Avenida de la Constitución auf die Información Turistica, die aber erst um 9 Uhr öffnen wird. Ich warte und frage mich, als ich wieder draußen bin, auf was eigentlich. Sie haben mir außer einen Pfeil auf meinem Stadtplan und die Antwort "Führer über die Ruta de la Plata in englischer Sprache könnte, wenn überhaupt, nur die internationale Buchhandlung in der San Fernando führen", nichts geben können. Also mache ich mich auf die Suche nach der Buchhandlung. Die macht erst um 9.30 auf, was mich richtig nervt, denn ich will endlich los. Um diese Zeit hatte ich auf dem Camino Francés schon 15 bis 20 km absolviert. Na gut, das war ja auch Wahnsinn.

Der Buchhändler kennt die Ruta de la Plata wenigstens vom Hörensagen. Er meint, es gibt Führer darüber nur in der Buchhandlung Bela in der Avenida de la Constitución. Also wieder zurück. Dort rasselt die metallene Jalousie oder wie man die Totalverbarrikadierung spanischer Shops nennen soll, gerade etwas hoch und ein Verkäufer beugt sich drunter durch, um dann von außen wieder alles unter Verschluss zu nehmen. Ja, sie führen Handbücher über den Jakobsweg, der in Sevilla beginnt, aber nur in Spanisch. Der Laden öffnet um 10:00. So, jetzt reicht es mir. Ich suche mir den Weg zum Flussufer und biege nach rechts. Die erste, zweite, dritte Brücke ist es, die Puente del Cachorro, von der aus der Pfeil, den die Angestellte des Touristenbüros auf meinen Stadtplan malte, in Richtung Westen zeigt. Aber erst einmal genieße ich die wunderschöne Stadt, die liebliche Häuserkette auf der anderen Uferseite des Rio Guadalquivir.

Bei dieser Straße, der zweifelsohne der Richtungspfeil auf meinem Stadtplan zuzuordnen ist, und der ist die einzige Orientierung, die ich habe, kann es sich nur um eine der Hauptausfallstraßen von Sevilla handeln. Auf mehreren Spuren tobt der Verkehr Richtung Costa de Luz, Huelva, Extremadura um mich herum. Konsequent halte ich die Richtung ein, bis es hinter der Brücke über den zweiten

Arm des Rio Guadalquivir keinen begehbaren Streifen neben den Fahrbahnen mehr gibt. Ein Trampelpfad führt hinunter in eine Müllhalde, die sich unter den Hochbrücken der Autobahnen ausbreitet. Das kann doch niemals der richtige Verlauf des Pilgerweges sein. Obwohl, auf dem Camino Francés hat es auch unschöne Streckenabschnitte gegeben, z.B. dann, wenn es durch die den größeren Städten wie Burgos vorgelagerten Industriegebiete ging.

Ich gelange zu einem Weg. Ein Auto kommt. "Donde está Ruta de la Plata?" frage ich den sonnengedunkelten Baskenmützenträger am Steuer. Von dem nun einsetzenden Schwall an Erklärungen hat in erster Linie meine Seele etwas - er muss von dem Weg wissen, sonst könnte er nicht so lange Erklärungen abgeben. Und dass es dort weitergeht, wo er herkommt, zeigt mir sein Finger.

Ein befahrbarer Weg - das macht Mut. Für eine Weile folgt er einer Autobahn, unterführt sie dann. Im Tunnel halte ich eine Motorrollerfahrerin an. Sie weist mich an, nach rechts abzubiegen. Nun habe ich die Autobahn mit Richtungsangaben Sevilla N., Cordoba, Santiponce, Mérida rechts von mir und links ein brachliegendes, vermülltes Bauerwartungsland, das ausgewiesenermaßen zur Area de Sevilla gehört. Hab also noch nicht einmal das Stadtgebiet von Sevilla verlassen.

Nach weiteren Kilometern mündet die Straße in eine andere. Befrage ein älteres Paar, das eingehakt in dem mit Oleander, Trompetenbäumen und Pinien bepflanzten Parkstreifen zwischen gepflastertem Fußweg und Autobahnböschung spazieren geht. Sie zeigen sofort auf eine vor uns liegende Treppe, die zu einem kleinen Park hinaufführt. Die Silhouette einer originalgroßen Eisenbahnskulptur, die gewollt oder ungewollt Rost angesetzt hat, zieht Aufmerksamkeit an. Eine große Schautafel gibt Auskunft über das noch junge Naherholungsgebiet. Ein Pfad führt weiter Richtung Norden. Und als der sich deutlich einem hellgelben Höhenweg zuwindet, steigt in mir die Hoffnung, endlich auf den Jakobsweg zu stoßen.

Es läuft sich herrlich hier oben. Hier und da meistern Traktoren mit Flugscharen die zum Teil extremen Hanglagen der Felder. Auch die mal näher mal ferner parallel zum Weg verlaufende Bahnlinie nährt das Gefühl, nicht allein auf der Welt zu sein. Etwas Rotes taucht in der Ferne auf. Es scheint sich auf dem gleichen Weg aber entgegenkommend zu befinden. Ein Biker. Auf gleicher Höhe spreche ich ihn an. Er spricht englisch, ein Geschenk des Himmels. Nein, dies hier ist seines Wissens nicht die Via de la Plata, die würde einige Kilometer weiter östlich verlaufen, aber die beiden Wege kreuzen sich noch vor der nächsten Ortschaft. Die ist etwa 20 bis 22 km entfernt, ihren Namen vergesse ich schon in dem Moment, als ich ihn höre. Für 20 km gebrauche ich vier Stunden, ein Erfahrungswert, auf den ich mich verlassen kann. An Kraft fehlt es mir nicht und an Proviant auch nicht. Das beruhigt.

Als der Weg auf einer Anhöhe die Bahnlinie kreuzt, die gen Westen verschwindet, liegt ein schier endloses Flachland vor mir, auf dem sich Acker von Acker abtrennt. Ein Anblick wie aus der Vogelperspektive. Eine einsame Finca in strahlendem Weiß hebt sich aus dem Flickenteppich heraus. An ihr vorbei verläuft eine Straße ohne Belag, die wir in Deutschland als Wirtschaftsweg bezeichnen würden. Auf ihm bewegt sich der landwirtschaftliche Verkehr. Sollte der etwa der richtige Jakobsweg sein, von dem der Biker sprach und den auch der Baskenmützenträger, die Motorrollerfahrerin und das eingehakte Paar im Kopf gehabt haben mussten, als sie alle spontan auf meine Frage reagierten? Aber an welcher Stelle nur hab ich ihn verpasst?

Zwei Biker ziehen an mir vorbei. Ihr freundliches Hola erfreut mich mehr als anderntags, wenn ich nicht mutterseelenallein durchs weite Feld marschiere. Und dann die Überraschung des Tages: Kurz nach dem Einbiegen in besagten Weg ein Pfosten mit zwei Pinselstrichen, einen roten und einen weißen. Auf dem Camino Francés hat es auch Strecken gegeben, die anstatt mit gelben Pfeilen rotweiß markiert waren. Sollten tatsächlich die Freunde des Jakobsweges hier tätig gewesen und ich von nun an nicht mehr auf verlorenem Posten sein?

Wegweiser mit gelben Pfeil bei Guillena

Der Weg läuft auf eine Hanglage zu, die man schon fast als steil und schroff bezeichnen könnte. Obenauf ist Bebauung erkennbar. Oh toll, ein kühles Bier in der Mittagspause wäre wunderbar. Aber dann zweigt der markierte Weg nach rechts ab. Aus der Traum vom kühlen Bier, nicht mal ein schattiges Plätzchen zum Ruhen lässt sich finden.

Am Nachmittag setzt sich der Weg durch einen Olivenhain fort. Junge Männer mit vor den Bauch gebundenen Wannen stehen auf Leitern und ziehen die elastischen Zweige der Olivenbäume zu sich hin. Mit scheinbar spielerischer Leichtigkeit streifen sie die Früchte ab, die sich sodann in den Wannen sammeln. Auf meinen Gruß, der freundlich erwidert wird, folgt Gelächter, das durch kleine Bemerkungen immer neu entfacht wird wie das Feuer vom frischen Wind. Ich bin natürlich eine belebende Unterbrechung in ihrem monotonen Arbeitsalltag. Und wie Bauern über die verrückten Touristen denken, die sich mit schwerem Gepäck auf dem Rücken durch die Felder quälen statt ihre Freizeit erquickend auf schattigen Caféterrassen zu genießen, weiß ich schon von anderen Wanderungen.

Eine Teerstraße kreuzt den Weg. Nichts hilft mir zu entscheiden, welche der drei Richtungsmöglichkeiten ich wählen sollte. So bleibe ich auf dem Weg, zumal die beiden Orte, die auf Wegweisern an der Teerstraße angekündigt werden, mir sowieso nichts sagen.

Ein Bauer reinigt seine Flugscharen am Wegesrand. Er macht mir deutlich, dass ich einen Hut zum Schutz vor der Sonne aufsetzen sollte. Er hat Recht, es ist sehr heiß heute. Möchte nicht wissen, was hier im Hochsommer los ist. Apropos Hitze, um meinen Wasservorrat muss ich mir über kurz oder lang Sorgen machen, wenn sich da so gar keine menschliche Ansiedlung streifen lässt.

Das Landschaftsbild ändert sich. Der Weg verläuft mäandernd um zerklüftete Barrancotäler herum. Dorniges Gestrüpp und feinnadeliger Bewuchs stehen für die Bedürfnislosigkeit, die dieser Teil Andalusiens seinen Bewohnern abverlangt.

Eine Ziegenfarm kommt in Sicht. Ich krame schon mal die leere Wasserflasche heraus. Oh nein, was ist das denn? Auf dem Hof liegen sechs Hunde! Ohne auch nur einen Blick zur Seite zu wagen, wandere ich mit butterweichen Knien weiter.

Wie heißt es doch noch - auf dem Jakobsweg liegen Glück und Leid dicht beieinander. Kaum ist meine Adrenalinausschüttung heruntergefahren, da taucht auch schon auf der rechten Seite ein kleines Wasserwerk auf. Der Gärtner ist so freundlich mir meine Wasserflasche aufzufüllen.

Es sind gute vier Stunden seit dem Zusammentreffen mit dem Biker vergangen, wo bleibt die Ortschaft?

Dann endlich, weit, weit in der Ferne hebt sich ein gewaltiges gräuliches Kirchengebäude aus weißen und roten Farbtupfern heraus. Und weil ungetrübte Freuden Seltenheit bleiben müssen, schmerzt mir der rechte Hacken mehr und mehr. Da hat sich vermutlich wieder eine Monsterblase gebildet. Und ich wollte auf diesem Camino Maß halten bezüglich der Kilometer. Aber gut, wenn es bei der einen bleibt, wird die Pilgertour damit noch nicht zur Tortur.

Der Weg scheint mit etwa einem Kilometer Abstand an dem Ort vorbeizulaufen, aber bevor ich mich befragen muss, was zu tun ist, entdecke ich die rotweiße Markierung an einer Pferdekoppel und folge ihr. Der Trampelpfad führt bis an die untere Bebauung heran. Ob es jetzt nach rechts oder links oder geradeaus über eine Treppenanlage in den wesentlich höhergelegenen Teil des Ortes geht, steht in den Sternen. Entscheide mich für oben, aus praktischen Gründen: Das Hinabschauen erleichtert die Orientierung.

Alles ist wie ausgestorben. Nicht eine Menschenseele, die man fragen könnte, wo man ist, wo es einen Kaffee gibt, wo sich die Pilgerherberge befindet. Das Aussterben der Lebenszentren zur Siestazeit mag ich an Spanien überhaupt nicht. Aber wie alles hat auch das seine guten Seiten: Durch intensives Suchen lernt man einen Ort gleich gut kennen. Eine Bar hat geöffnet, eine einzige. Zum Kaffee gereicht man mir eine Serviette mit hauseigener Werbung. Frage Nr. I beantwortet sich damit von selbst, ich bin in Gerena.

Gut gestärkt (in der Ruhe liegt die Kraft) suche ich mir durch die verwinkelten Gassen einen Weg hoch zur Kirche. Dort erfahre ich vielleicht, wo hier in Gerena die Pilger unterkommen. Man versteht mich sofort, aber ich die mir genannte Adresse nicht und darum lasse ich sie mir aufschreiben: Residencia Molino de Viento.

Aha, denke ich, die bringen ihre Pilger vielleicht in einer ehemaligen Mühle unter. Das kennt man doch von Zuhause, alte restaurierte Gebäude werden neuen Zwecken zugeführt. Ich muss mehrfach nach dem Weg fragen, Gerena scheint größer zu sein als erwartet. Die Leute kennen die gesuchte Bleibe alle, ich bin richtig gespannt.

Ein weißes gepflegtes Gebäude, Palmen im Garten, von einer hohen weißen Mauer umgeben. Ich klingele, eine Stimme ertönt aus der Sprechanlage. Trage mein Anliegen vor, mir wird geöffnet. Im Hof spazieren ältere Leute auf und ab. Ich betrete das Gebäude und muss erst mal innehalten: 20 und mehr alte Menschen mit Gesichtsausdrücken, die mich erschrecken, richten ihre Blicke auf mich. Einige strecken mir ihre Hände entgegen, ich gebe ihnen meine. Ein Fernseher läuft, zwei Herren spielen an einem Tisch Domino. Eine Pflegerin begrüßt mich freundlich, wir stellen uns einander vor. Ich werde in ein Behandlungszimmer geführt, soll warten.

Wie ist das möglich, das ich hier gelandet bin? Ich werde der netten Pflegerin meinen Pilgerausweis zeigen und das Missverständnis wird sich aufklären. Dem misst sie weiter keine Bedeutung bei, als sie mit einer Alzheimerpatientin am Arm wieder erscheint. Sie hat ein Zimmer für mich ausfindig gemacht, bringt mich mitsamt ihrem Anhängsel dahin, zeigt mir anschließend den Duschraum und teilt mir dann die Uhrzeit für das Abendessen mit. Und dann wird sie wieder irgendwo gebraucht und entschwindet.

Genüsslich lasse ich mir in dem blitzsauberen Bad das warme Wasser über den schweißverklebten Körper laufen und verarzte die oblatengroße Blase.

Zwei blutjunge Pflegerinnen mit wippenden Pferdeschwänzen bringen mir das Abendbrot, erzählen von dem Herrn, der dieses Zimmer bewohnt, gerade ein paar Tage bei seiner Familie verweilt und noch dieses und jenes von dem Alten- und Pflegeheim. Hier sind kerngesunde aber halt alte Menschen und auch schwerst Pflegebedürftige zusammen untergebracht. Als ich nach dem Essen das Geschirr in die Küche trage, werfe ich hier und da kurze Blicke in die offenstehenden Zimmer. Was ich da sehe, lässt mich trotz Erschöpfung nicht einschlafen. Mein Blick wandert von der geschmackvollen Tagesdecke des Nebenbettes über die im Ton abgestimmten Vorhänge zu den passenden Tapeten. Zwei Menschen in diesem kleinen Zimmer bis ans Ende ihrer Tage - der Gedanke ist kaum zu ertragen.

In der Nacht ruft in dem Zimmer nebenan, das nur durch eine dünne Wand von meinem getrennt ist, ein alter Mann mit elender Stimme wohl an die hundert Mal: "Veronicaah! Veronicaah! Veronicaah!" Irgendwann kommt er zur Ruhe, man hat ihm wohl ein Beruhigungsmittel gegeben. Nun hört man erst die Schreie aus den anderen Zimmern. Ich bin fix und fertig. Meine Fantasie bastelt sich eine Monsterehefrau namens Veronica zusammen, die ihren alten, hilflosen Gatten ins 'Gefängnis' liefert. Ob ich wache oder schlecht träume, ich kann es nicht sagen.

Das reizende Pflegepersonal verhilft mir bei meinem raschen Aufbruch noch schnell zu einem warmen Frühstück. Aus dem großen Kaffeekessel voller Milchkaffee wird eine Schöpfkelle voll abgenommen. Ein halbes Baguette kurz unter den Grill gelegt, dann etwas Margarine darauf und der Tag kann beginnen.

Ich muss oft fragen, bis ich den Anschluss an den markierten Weg am anderen Ende des Ortes finde, denn ich möchte nicht zu der Pferdekoppel am Ortsanfang, wo ich gestern einbog, zurückkehren. Dass es sich um den weiterführenden Weg handelt, da bin ich mir sicher. Nur statt einer rotweißen Markierung steht ein hübsches Holzschild mit dem eingeschnitzten Schriftzug "Ruta del Agua" am Wegesrand. Von der Windmühle zum Wasserweg - ob dieser Pilgerweg mich lehren will, dass auf das Wesentliche wie die Elemente Verlass ist, wenn man gewohnte Sicherheit entbehrt?

Kräftig ansteigend lässt der Wanderweg Gerena im Westen liegen. Überquere die Teerstraße, deren Wahl mir einige Kilometer Fußmarsch erspart hätte. Aber wie soll man das ohne Beschilderungen wissen? Laster donnern an mir vorbei die Kiesgrube hinunter. Mein Weg führt an ihr vorbei. Und dann wird es einsamer und einsamer. Die Landschaft hat Heidecharakter, es fehlt ihr an frischem Grün. Sie fordert die Seele nicht heraus, lenkt nicht ab. Gedanken kommen und werden tief hineingelassen. Eine unbeschreiblich schöne Stille umfängt mich.

In einem Baranco kürze ich über eine Staumauer ab, laufe auf eine meterhohe Pforte zu. Glück gehabt, sie lässt sich öffnen. Wenig später vernehme ich

Motorenlärm. Eine Teerstraße. Überquere erst sie dann einen Fincahof. Riesige Stapel eckiger Strohbunde lagern hier.

Weiter windet sich der Weg zu einem Flusslauf hinab. Es lehnen ein paar Motorräder an einem Zaun, aus der Ferne sind Stimmen zu hören. Olivenpflücker, da bin ich mir sicher, auch wenn ich niemanden sehe. An einer Weggabelung weiß ich nicht weiter. Ein Motorradfahrer kommt. Wie das immer so klappt, wundere ich mich. Tauchen Probleme auf, wird mir von irgendwoher Hilfe gesandt. Meine Standardfrage wird sogleich per Fingerzeig beantwortet. Darüber, dass alle die Via de la Plata kennen, ich sie aber nicht finde, denke ich lieber nicht nach.

Einige Kilometer weiter ein Tunnel. Er unterführt eine größere Straße, vielleicht eine Nationalstraße. Als würde man eine neue Seite eines Bildbandes aufschlagen, liegt eine wieder andere Landschaft vor mir. Hellgelb wohl wegen der Stoppelfelder hebt sie sich von dem kräftigen Blau des Himmels ab. Der Weg hebt sich deutlich aus ihr hervor. Hier und dort gewaltige Ansammlungen von Felssteinen. In kleinen Pfützen spiegeln sich die Sonnenstrahlen. Diese Landschaft stimmt mich einfach froh. Kein Gedanke mehr an die letzte Nacht, keine Sorge des ungewissen Weges, ich fühle mich wie der glücklichste Mensch unter der Sonne.

Das Paradies endet an einer kleinen Siedlung. Wenige Minuten später stoße ich auf einen großen Freizeitpark. Der Ruta del Agua-Wegweiser zeigt nach rechts. Zwei Gärtner arbeiten außerhalb des Parks an den Hecken. Sie sind sich ganz sicher, dass ich nach links Richtung Las Pajanosas weitergehen muss, um dann auf den Jakobsweg zu treffen. Ich folge ihrem Rat, obwohl mein Bauch mir was anderes sagt. Die Straße zieht sich endlos hin und nimmt mehr und mehr an Höhe zu. Mein Bein macht mir Sorgen, die Muskeln im Oberschenkel verhärten sich. Wie eine Schraube, die sich immer mehr festsetzt. Das könnte damit zusammenhängen, dass ich beim Auftreten den Hacken mit der Blase schone, also verzogen und unrhythmisch gehe.

Zu meiner Rechten tauchen Einfriedungen mit Steineichen auf. Die Bäume müssen sehr alt sein, sitzen voller großer gelber Eicheln. Keck schauen die Früchte aus den kleinen Näpfen heraus. Die ledrigen stacheligen Blätter sind sehr klein, dabei in sich verdreht. Wenn man versucht sie glatt zustreichen, zeigen sie doch etwas von dem Charakteristischen, das dem Blattwerk der Spezies Eiche anhaftet.

Akkurat geschichtete Mauern trennen Eichenhof von Eichenhof. Fast hätte ich Obsthof gesagt, denn früher wurden Apfelbäume auch so im Verband in diesem Abstand voneinander gepflanzt. Frage mich, was die Bauern mit diesen Unmengen an Eicheln wohl machen?

Ziemlich fertig komme ich im palmenverschönerten Ortskern des 'Nestes' Las Pajanosas an. Vor der einzigen Bar liegt ein großer schwarzer Hund, da kann ich schon mal nicht fragen. Also nebenan in der Autowerkstatt. Nein, hier sei ich völlig falsch, die Ruta de la Plata verläuft auf der anderen Seite des Freizeitparks. Hätte ich doch auf meinen Bauch gehört! Stelle mich auf die andere Seite, will es zurück per Anhalter versuchen.

Der tierische Türsteher der Bar kommt zu mir rüber getrottet, leckt mir unvermittelt die Hand und wirft sich auf den Rücken. Nun begehe ich Fehler Nr.2 des Tages: Sozusagen aus Wiedergutmachung, weil ich ihn für eine gefährliche schwarze Bestie hielt, kraule ich seinen Bauch. Damit habe ich unsere Freundschaft besiegelt, zu der er nun das Seinige beiträgt, indem er mich auf Schritt und Tritt beschützt. Kein Auto hält. Der Automechaniker meint, mit dem an meiner Seite wird das nie was. So trete ich denn zu Fuß den Rückweg an. Der Hundefreund folgt. Außerhalb des Ortes hält dann doch noch ein LKW an und ich werde mein Anhängsel los.

Fahrer und Beifahrer sind zwei Originale, die ausgesprochen erheiternd auf mich wirken. Sie ziehen ihre Pudelmützen tief in die Augen, als sie angestrengt darüber nachdenken, wo sie mich am besten absetzen sollten. Und siehe da, unmittelbar neben dem Gelände des Freizeitparks mündet die Ruta del Agua in einen ausgewiesenen Naherholungspark. Befestigte Wanderwege, Picknickplätze, Einzäunungen, Viehbarrieren, hier wurde jüngst gewaltig Hand angelegt.

Verlaufen kann man sich hier wohl kaum, also gehe ich mal los. Ein Staubecken kommt in Sicht und wird länger und länger. An ihm schlängelt sich der Weg entlang, auf und ab nicht enden wollend. Es ist eine traumhaft schöne Gegend, aber ich bekomme immer größere Probleme mit meinem Bein. Stunde um Stunde vergeht, ich weiß nicht wie viele Kilometer schon hinter mir liegen. Dann endlich eine Schautafel, die einen Überblick verschafft.

Naturpark El Berrocal

Am Ende des Stausees de Gorgal soll es eine Bar geben: La Cantina. Die wird meine Rettung sein. Mittlerweile ist auch das Knie betroffen, das sich mehr und mehr versteift. Das geschieht mir recht: Wie hab ich auf dem Camino Francés über die jungen Kerle aus aller Herrenländer gelacht, wenn sie mit abgespreiztem Bein und zusammengebissenen Lippen in den Refugios herumgehumpelt sind, konnte mir nicht erklären, was die alle mit ihren Beinen haben. Nun weiß ich es.

Ein Schild weist auf eine Aussichtsplattform hin. Trotz Schmerzen mache ich den Abstecher und werde reich belohnt: Eine Märchenlandschaft liegt mir zu Füßen. Licht bewaldete Hügel in einem harmonischen Spiel von Höhe und Tiefe entwachsen dem stillen Wasser des weiten Sees.

Eine Schlange schlängelt sich an mir vorbei. Sie reißt mich abrupt aus meinen Träumen. Wenig später schaue ich in die verängstigten Augen eines kleinen Hündchens, das etwas abseits des Weges im Busch sitzt. Verbiete mir ihm einen zweiten Blick zu schenken, denn dann würde sich das Spiel von heute morgen wiederholen. Der eine hat Angst vor dem anderen und dabei wollen wir alle doch nur eins: Leben. Was ich hier gerade im Kleinen erlebe, ist im Großen, auf der Bühne der Weltpolitik, doch genau das Gleiche. Also natürliche Prozesse?

Irgendwann höre ich Kinderstimmen. Zwei Kinder auf ihren Fahrrädern. Nun kann die Bar nicht mehr weit sein.

Eine Gruppe von Männern und Frauen sitzt um einen rustikalen Tisch herum, ist offensichtlich dabei, ein ausgiebiges Mahl gemütlich mit einem Glas Wein ausklingen zu lassen. Auf meine Frage, ob es privat sei, werde ich freundlich hineingebeten und der Betreiber der Bar fragt nach meinen Wünschen. Ein großes Bier. An einem der freien Tische platznehmend, spüre ich erst, wie erschöpft ich bin. Es gibt hier ein Nebengebäude, ich kann nur hoffen, dass es eine Übernachtungsmöglichkeit bereit stellt. Die gibt es nicht, aber vielleicht könnten sie mich, wenn sie hier fertig sind, mitnehmen. Wo ich denn hin will ? Also erzähle ich mit spanischen Wortfetzen, dass ich auf dem Jakobsweg bin und etwas zum Übernachten finden muss, um morgen gen Norden weiterzuwandern. Der Barbesitzer schaut mich an, als würde ich ihn auf den Arm nehmen wollen. Der Jakobsweg verläuft östlich des Stausees, meint er, ich sei auf der völlig falschen Route. Ob er denn sicher sei, frage ich. Nach allem, was ich erlebt habe, eine berechtigte Frage. Er kommt aus Guillena, wo es eine Pilgerunterkunft gibt. Die nächste Unterkunft liegt in Castilblanco de los Arroyos. Der Jakobsweg sei mit gelben Pfeilen markiert, dadurch nicht zu verwechseln.

Mein Verlauferlebnis trägt zur allgemeinen Belustigung bei. Ich soll mir aber keine Sorgen machen, sagt der Barbesitzer, er und sein Freund werden mich zu dem nächsten Refugio bringen.

Während die Frauen Küche und Bar versorgen, kümmern sich die Männer um das Vieh, das wohl mehr als Hobby gehalten wird. Die Hühner bekommen Gemüseabfälle und das schwarze halbwüchsige Schwein, das ich eher für ein Wildschwein als für ein Hausschwein halte, einen Eimer Eicheln. Aha!!

Keine Ahnung wie viele Kilometer der Barbesitzer und sein Freund Manuel mit mir an Kuhherden und einsamen Stallungen vorbei durch die anbrechende Nacht gefahren sind, aber dass ich das nicht zu Fuß, selbst bei Frische und intakter

Muskulatur, geschafft hätte, steht außer Frage. Irgendwann kommen weiße Wohngebäude in Sicht, der Feldweg geht in eine Kopfsteinpflasterstraße über, um dann im Zentrum von Castilblanco de los Arroyos in die Durchgangsstraße einzumünden. Wir halten vor einer Bar. "Komm, wir trinken noch ein Bier zusammen," sagen meine Retter, "und hinterher holst du dir in der Tankstelle gegenüber den Schlüssel für die Herberge." So geschieht es.

Die Pilgerunterkunft übertrifft jede Erwartung. Es gibt Einbett- und Zweibettzimmer, funktionstüchtige warme Duschen, separate Toiletten und alles ist blitzsauber. Sogar ein Wäscheständer steht parat. Das Gästebuch ist des Lobes voll. Die Eintragung eines Landsmannes vor zwei Tagen: "Pilger, wo seid ihr denn alle?" Das habe ich mich auch gefragt.

In der Nacht gießt es, was vom Himmel will. Es ist viel kühler als gestern in Gerena. Ziehe alle Kleidungsstücke, die ich dabei habe, übereinander an und schlüpfe dann in meinen Schlafsack. Mit dem Gefühl tiefster Zufriedenheit schlafe ich ein.

Mir tut alles weh, dennoch entscheide ich nach einer kurzen Gehprobe, den Weg fortzusetzen. In diesem Nest ist viel zu wenig los, als das ich mich einen ganzen Tag zufriedenstellend beschäftigen könnte. Mein seelisches Wohl siegt über das körperliche. Es wurde ohne Beeinflussung von außen (Gruppenzwang mangels Masse ausgeschlossen) fair abgestimmt.

Die Bar, in der mich meine Engel gestern absetzten, hat noch nicht auf und so suche ich die nächste Bar zum Frühstücken auf. Einige Herren sitzen am Tresen bei einem Kaffee und auch Hochprozentiges wird schon gereicht. Der Barmann versteht meinen Wunsch nach etwas Süßem auf dem Toast sofort. Andere Pilger aus dem hohen Norden kommen wahrscheinlich auch nicht mit Olivenöl, Knoblauch und eingelegte Tomaten zum Frühstück klar. Er holt eine Flasche, die im Original vermutlich Tomatenketchup beinhaltete, aus seinem Privatgemach. Mir läuft das Wasser im Mund zusammen, als er den dicken hausgemachten Honig auf den Toast streicht.

Gutgelaunt zum Ortsausgang unterwegs, wo ich laut mitteilungsfreudiger Ortsansässiger die gelben Pfeile des Jakobsweges vorfinden werde, decke ich mich für den Tag mit Baguette, Ziegenkäse und Obst ein. Meine Wasserflasche habe ich schon in der Herberge gefüllt.

Dann der erste gelbe Pfeil (Flecha amarilla) dieser Pilgerschaft. Ein völlig neues Gehgefühl. Man sagt, nichts scheint dem Menschen unerträglicher als die Ungewissheit. Da bin ich in den vergangenen Tagen über mich selbst hinausgewachsen. Und so wünsche ich mir eine Pilgertour, als eine Reise zu mir selbst ohne Folter und Zwänge.

Marschiere auf dem Seitenstreifen der Teerstraße, immer auf der Hut, den nächsten Pfeil nicht zu übersehen, denn der Pilgerweg könnte ja mal abzweigen. Tut er aber nicht. Es geht stundenlang auf dieser eintönigen Straße weiter. Rechts und links Eichenhöfe. Schweineherden stieben davon wenn ich ihnen zu nahe komme. Sollte ich sie benennen, sie würden Lange Schwarze Rennschweine heißen. Hier stimmt die Landwirtschaft noch, denke ich so. Die Tiere haben kilometerlange, von aufgeschichteten Feldsteinen begrenzte Ausläufe, wo sie ihrem offensichtlichen Renntrieb frönen können. Das Futter wächst über ihnen heran, keine chemischen Zusätze, Natur pur.

Dicke gelbe Pfeile auf der Fahrbahn weisen nach rechts auf das Eingangstor zu einem Forstpark. Ein einspuriger Weg mit Teerdecke zieht sich auf und ab schlängelnd durch einen Korkeichenforst. Manche Bäume sind im Stammbereich komplett geschält, bei anderen sogar auch die starken Hauptäste. Kork kennt jeder. Nehme aber zum ersten Mal den traurigen Anblick seiner Lieferanten wahr. Sie wirken schutzlos und ihrer Würde beraubt. Ob die Rinde jemals ganz wieder nachwächst - ich weiß es nicht. Vermutlich zum Schutz vor Austrocknung werden die abgeernteten Stämme mit einer rotbraunen Paste eingestrichen. Sie trifft den Farbton des Erdreichs, trägt vielleicht sogar Erdanteile als Komponente.

Ein Haus kommt in Sicht. Dort wird die Forstverwaltung untergebracht sein. Bin ich froh, denn mein Wasser geht zu Ende. Wenn der Forstbeamte nicht wirklich gut englisch sprechen würde, hätte ich gemeint, nicht richtig verstanden zu haben: Es gibt hier kein Trinkwasser. Mein Entsetzen muss mir ins Gesicht geschrieben stehen. Einer der Beamten reicht mir seinen privaten Wasservorrat. Diese Begegnungen sind es, die das Leben lebenswert machen. In diesem besonderen Falle sogar Überleben sichern.

Es ist wieder sehr warm. Suche mir im Schatten einer alten Korkeiche ein Ruheplätzchen. Es steht sogar ein Stuhl bereit. Der große Korkrindenhaufen neben mir gibt Auskunft über die Aktivität des Baumschälers, der Stuhl über seine Pausengewohnheit. Ziehe Schuh und Strümpfe aus, breite meine Vorräte um mich herum aus und fühle mich wie Gott in Frankreich.

Was propagieren die Feel-Good-Apostel dieser Welt nicht alles, um Mensch zu seinem ganz persönlichen Glück zu verhelfen. Im Zehnerpack habe ich die Ratgeber verschlungen, um letztlich selbst herauszufinden, dass es mir um so besser geht, je bescheidener ich lebe.

Ein Forstauto fährt vorbei. Ich gönne den Forstarbeitern den erheiternden Anblick, den ich ihnen darbiete. Mein Bein schlägt sich tapfer. Aber immer nach Ruhepausen braucht es seine Zeit, bis ich wieder eingelaufen bin. Die nächsten Stunden fordern mir viel ab. Die Steigungen lassen sich immer schwieriger bewältigen. Ohne Zweifel habe ich jetzt das Zentrum der Sierra Morena am Wickel. Das Wasser ist längst aufgebraucht und ich schleppe mich von Pfeil zu Pfeil. Es ist schon später Nachmittag als der Weg auf einem Hochplateau einem steil aufragendem bewaldeten Berg entgegenstrebt. Nein, das glaube ich nicht! Das kann nicht sein! Es gibt doch auch Pilger, die älter als ich sind und nicht so fit. Das kann man doch nicht machen! Man kann und man tut. Die gelben Pfeile folgen einer Schneise, die mehr einer Schanze für Skiweitsprung ähnelt als einem Weg, den ganz normale Menschen bewältigen sollen. Ich spreize meine Füße so weit wie möglich nach außen und krieche auf allen vieren Stück für Stück hinauf. Es laufen mir die Tränen nur so herunter, nicht wegen der Schmerzen im Bein, die übergroße Anstrengung will es so. Zu meiner Erlösung sehe ich oben angekommen auf der anderen Seite schon den Ort am Fuße des Berges liegen. Für den nicht weniger beschwerlichen Abstieg lasse ich mir viel Zeit. Die Ausblicke sind so überwältigend, dass meine Begeisterung alles körperliche Unwohlsein aufhebt.

Den ersten Austausch in diesem gepflegten Gebirgsort, dessen Namen ich nicht kenne, habe ich mit ein paar schwarzen Säuen in einer Suhle. Während ich lachen muss ob des komischen Anblicks dieser in Reih und Glied halb im Modderloch versunkenen Geschöpfe, grunzen diese in tiefsten Tönen, als würde meine Aufmerksamkeit ihr Wohlbefinden noch steigern. Seit Kindertagen liebe ich Schweine. Da hat sich bis heute nichts dran geändert.

Blick auf Almadén de la Plata

Gelobt seien die wenigen Bars, es scheint in jedem Ort eine davon zugeben, die sich von der Siesta-Diktatur ausnehmen. Es wird höchste Zeit, dass ich etwas trinke. Etwas - literweise muss ich Mineralwasser in mich hineinschütten um meinen Durst zu löschen. An der Wand hängen Wimpel, die mir den Namen des Ortes verraten: Almadén de la Plata.

Bummele nach einer ausgiebigen Ruhepause durch die Straßen. Zwei Kirchen liegen dicht beieinander. Die eine fällt durch ihren eigenwilligen ockerweißen Anstrich sehr heraus. Länger beschäftigen kann ich mich mit ihr nicht, denn es zieht ein Gewitter auf und ich muss noch eine Unterkunft ausfindig machen. Gerade will ich vor einem Geschäft eine Angestellte, die vor der Tür wischt, fragen, da sagt diese: "Drücke (sie zeigt auf die nächste Tür vor mir) auf die Klingel. Dort bekommst du den Schlüssel für die Pilgerherberge." Auf mein Klingeln erscheint eine junge Frau, die mir rasend schnell erklärt, wie es zur Herberge geht und ich dort auf sie warten soll. Den gelben Pfeilen zu folgen ist einfacher als die Wörterflut zu übersetzen. Kaum stehe ich vor der supermodernen Herberge - eine gelbblaue Kachel mit Pilgermuschel und der Aufschrift "Via de la Plata - Amigo del Camino de Santiago" lässt keine Zweifel bezüglich richtiger Destination aufkommen - da gießt es auch schon wie aus Eimern.

Die junge Frau springt aus dem Auto, schließt auf, stempelt meinen Pass, kassiert 6 Euro für die Übernachtung, zeigt mir, wo ich morgenfrüh den Schlüssel durchs Fenster werfen soll. Alles in einem Tempo, als müsse sie hier drinnen dem Unwetter entkommen, das draußen herrscht.

Allein mit mir in dem großen Gebäude schaue ich mich erst mal um, suche mir von den ca. 60 Betten, die auf drei Schlafsäle verteilt sind, für mich das beste aus. Eine Nische muss es nicht sein, denn dass ich allein im Raum bin, vermittelt mir schon Geborgenheit. Die Duschen funktionieren einwandfrei, das Wasser ist richtig schön heiß. Meine Haare trockne ich unter dem Händetrockner. Auf dem Tresen in der Anmeldung liegt ein Stapel mit Zeitschriften und Prospekten. Aha, ich bin im Pueblo del Jamón Iberico gelandet, wo man jedes Jahr im März das Schinkenfest der nördlichen Sierra feiert.

Und was ist das denn? Eine Michelin-Karte von Andalusien. Als ich die aufschlage, werden meine Lachmuskeln aufs Heftigste gereizt: Es sind vier Möglichkeiten Sevilla gen Norden zu verlassen eingetragen, wobei eine durchgestrichen und zwei mit Fragezeichen versehen sind. Ob der arme Pilger, der ähnliches wie ich durchgemacht haben muss, mit der vierten Variante gut gefahren bzw. gelaufen ist? Es sieht nicht so aus. Eine gemarkerte Linie zieht sich durch Gerena gen Norden aber immer mit Straßenverlauf und eine zweite scheint den Via de la Plata streckenweise wiederzugeben, wobei es dem Wandersmann (oder der Wandersfrau) aber auch nicht vergönnt war, die erste Unterkunft, das Refugio in Guillena, aufzufinden.

Die Karte hat mir der Himmel geschickt. Ab jetzt kann ich Pläne machen, weiß wie viele Kilometer zwischen den Orten liegen und kann dadurch besser mit meinen Kräften haushalten.

Mein Hunger treibt mich hinaus. Eine junge Mutter mit Kinderkarre gibt mir den Tipp, das Restaurant "Concha" aufzusuchen. Das Menu soll 7 Euro kosten, beinhaltet Fleisch. Da es nichts gibt, was ich nicht esse (nur so konnte ich in Afrika überleben), warte ich gelassen darauf, was man mir dem einzigen Gast im Essenssaal an diesem verregneten Donnerstagabend bringen wird. Und bin sprachlos, als ich den riesigen Ensalada mixta sehe, dem es an nichts fehlt, auch nicht an Spargel, Eiern und Thunfisch. Dazu ein Körbchen mit hausgemachtem Brot. Das allein ist schon ein vollständiges Mahl. Im zweiten Gang serviert mir der Restaurantinhaber Schweinemedaillons in Rotwein, die nicht zu übertreffen sind. Dazu vorzügliche Pommes. Bei dem Schokoladeneis zum Nachtisch schäme ich mich schon fast, ein so opulentes Mahl auf einer Pilgerschaft einzunehmen, zu der doch eher die Tugend der Armut gehört. Als ich 7 Euro zahlen soll, weise ich auf die Getränke hin, die noch dazukommen müssten. "Die sind im Menupreis enthalten", klärt mich der sympathische Wirt auf. Rundum zufrieden steuere ich meiner Multi-Betten-Unterkunft entgegen.

Betrete den Supermercado "Pinero", um mich mit Proviant für den Tag einzudecken. Nein - was ist das denn? Die Decke besteht aus Hunderten von geräucherten Schinken, besser gesagt Schweinehinterbeinen, denn die Hufe hat man belassen, an ihnen ist der Strick befestigt, der die beliebte Delikatesse dieser Region von der Decke baumeln lässt. Mit Blick nach oben schreite ich durch die Gänge des Ladens. Das muss man sehen, um es zu glauben.

An einer nagelneuen Stierkampfarena, d.h. deren hoher, runder, strahlendweißer Außenwand vorbei, führt mich die Via de la Plata auf einem Pfad aus dem Ort hinaus in die Berge. Ein Ziegenhirte weidet seine Herde um. Im aufsteigenden Nebel des stillen Morgens kommt es mir fast wie inszeniert vor. Als die Sonne bald darauf durchbricht, die feuchte Bergwelt in eine Glitzerlandschaft verwandelt, muss ich mich wirklich fragen, ob das alles real ist. Was real ist, ist die tiefe Dankbarkeit, die ich gerade empfinde. Wofür? Zum einen dafür, dass ich mich selbst als ein Teil dieser wunderbaren Welt erlebe und dann dafür, dass ich mir den Genuss dieser Reise zukommen lassen konnte.

Die gelben Wegweiser begleiten mich auf und ab durch die naturbelassenen Berge der Sierra Morena. Für Stunden treffe ich keine Menschenseele, obwohl der Weg mehrmals direkt über Fincagrund verläuft. Bei den Gebäuden handelt es sich aber nur um Stallungen, hier wohnt niemand. Dann, der Weg scheint sich dem höchsten Punkt zuzubewegen, Traktorgeräusche.

Ich betrete durch eine Metallpforte eine Schafskoppel, die die Bergkuppel völlig umfasst. Zwei junge Bauern sind damit beschäftigt, langsam fahrend in einer langen Reihe Futter auszustreuen. Ein paar hundert Schafe stehen wie aufgestellt am Futterband und laben sich daran. Sie nehmen mich kaum wahr. Aber an den erstaunten Blicken der jungen Männer lese ich ab, dass sich auf diesem Pilgerweg, der sich offensichtlich über ihren Grund und Boden bewegt, die Pilger nicht die Klinke in die Hand geben.

Es geht noch mehrmals über Fincas hinweg und immer hoffe ich, die Bauern mögen mich doch vor ihren Hunden sehen.

Schon zur Mittagszeit tauchen vor mir in einer Schlucht die ersten weißen Wohnhäuser auf. Dank der Karte lässt sich mutmaßen, dass sie den Ort El Real de la Jara ankündigen. Im Zentrum angekommen entscheide ich mich dafür, es für heute gut sein zu lassen. Mein Bein hat einen halben Tag Ruhe nötig und der Blase, die sich unter der Monsterblase gebildet hat, tut der sicher auch gut.

Auf meine Frage nach dem Refugio de Peregrino schickt man mich ans Ende der Durchgangsstraße. Zwecks weitere Auskunft humpele ich in eine Bar und schaue zu meiner großen Überraschung in ein bekanntes Gesicht. Der Chef des Conchas, der mir gestern einen so genüsslichen Abend bereitete, sitzt bei einem Bier am Tresen und hält mit seinem Berufskollegen ein Schwätzchen. Getragen von der schönen Erinnerung drückt sich meine Freude diesen Menschen wiederzusehen von ganz allein in der freudig-überraschten Begrüßung aus. Es heißt ja immer, man trifft sich zweimal im Leben. Diese kleine Begebenheit zeigt, wie wahr das ist.

Die beiden schicken mich zur Stadtverwaltung. Die junge Verwaltungsangestellte am Empfangstresen im Parterre will mich nach oben beordern. Aber dann fällt ihr meine sonderbare Beinstellung auf. Sie bittet ihre Kollegin von oben mit dem Verzeichnis für Pilger zu mir herunterzukommen. Die Daten aus meinem Pilgerausweis werden übertragen, dann wird gestempelt und mir erzählt, wo ich mich hinbegeben muss. Einen Schlüssel bekomme ich nicht mit. Komisch.

Über der Tür der hoffentlich richtigen Adresse steht irgendetwas von forestal. Auch komisch mitten in der Wohnstraße. Ich klingele. Eine blonde, äußerst freundliche Frau mittleren Alters bittet mich herein. Leider verstehe ich nur sehr wenig von dem, was sie mir sagt. Sie führt mich durch zwei sehr gepflegte Innenflure mit vielen Grünpflanzen in ein fensterloses Zimmer mit zwei Doppelbetten und entschuldigt sich mehrfach, dass die noch nicht gemacht sind. Dann zeigt sie mir ein Duschbad. Ich muss erst mal innehalten und eins und eins zusammen zählen: Die Delegacion de cultura (siehe Stempel) von El Real de la Jara hat also für Pilger in Ermangelung einer Herberge ein Zimmer in einem privaten Haushalt angemietet. Oder sollte diese Familie, die vielleicht im Staatsdienst beschäftigt ist (Bereich Forst?), ehrenamtlich Pilger aufnehmen? Ganz wohl ist mir nicht dabei, wie selbstverständlich dieses private Zimmer zu beziehen. Aber zum jetzigen Zeitpunkt wieder zu gehen ist ausgeschlossen. Das würde verletzen. Die Dusche tut gut. Wasche gleich die wenigen Kleidungsstücke, die ich mitführe und jetzt nicht am Leibe trage, aus. Darf sie auf die Leine in den Innenhof hängen.

Beim anschließenden Bummel durch Real treffe ich glücklicherweise noch vor der nachmittäglichen Verbarrikadierung auf die junge Verwaltungsangestellte, die sich meiner annahm. Nein, die nette Frau, die mich beherbergt, nimmt kein Geld. Also gut, dann werde ich ein Dankeschön in Form von Schokolade hinterlassen.

Die Parkbank vor der Kirche, die man in Real wirklich mitten im Dorf gelassen hat, ist meine. Mit dem allgemeinen Erwachen am frühen Abend durchstreife ich die wenigen Geschäfte, die es hier gibt und genieße hoch oben von der alten Burgruine aus die untergehende Sonne. Ein Paradies so weit das Auge blickt.

Eine frühmorgendliche Freude: Nebenan gibt's backfrische Baguettes. Der appetitliche Duft aus meinem Rucksack beflügelt mich noch über viele Kilometer. Aufgeschichtete Feldsteinmauern flankieren beiderseits den Weg. Dahinter alte Steineichen. Anstelle von Schafs- und Ziegenherden nun vermehrt Rinder. Und noch eine Veränderung bleibt unübersehbar: Es wird flacher. So steht dem Abklingen meiner körperlichen Gebrechen nichts mehr im Wege.

Ein gewaltig großer Traktor mit schwerem Gerät fährt zwischen den alten Bäumen hindurch. Beim Näherkommen sehe ich, dass er die Grasnarbe aufreißt. Wozu? Die Antwort bekomme ich wenige Gehminuten später, als mir Brandgeruch in die Nase steigt. Flurbereinigung hat man das vor Jahrzehnten in Deutschland genannt und würde heute jeden Umweltschützer zu Recht auf den Plan rufen. Die alten Bäume werden umgelegt, ihre Stümpfe gerodet, alles zu Haufen zusammen getragen und verbrannt. Ein einziges schieres, selbst Berghänge einbeziehendes Geländestück entsteht. Auf der gegenüberliegenden Seite scheint der Kahlschlag schon länger zurück zuliegen, da wurden bereits Monokulturen abgeerntet. Keine Mauern mehr, die vom Fleiß der Vorfahren zeugen, nur noch Einheitsmaschendraht. Das idyllische Andalusien ausradiert - das tut sogar mir weh, die ich es das erste Mal durchwandere.

Stunde um Stunde vergeht, es läuft sich gut durch das immer sanfter werdende Hochland. Der Weg senkt sich zu einer Furt hinab. Beschwingt springe ich trockenen Fußes von Stein zu Stein. Auf der anderen Seite soll es auf dem kerzengeraden Hohlweg weitergehen. Aber halt - was ist denn das! In ca. 50 m Entfernung liegt ein gelbbraunes Tier auf dem Weg, das ich im ersten Moment für einen weiblichen Löwen halte. Es ist ein Hund, wie ich ihn in der Größe noch nie sah. Außerstande mich von der Stelle zu bewegen, wende ich meinen Blick nicht von dem Tier ab. Was tun? Nach rechts oder links auf die Weiden ausweichen kann ich wegen der hohen Zäune nicht. Auf der linken Anhöhe stehen Stallungen. Vielleicht arbeitet da ja zufällig jemand. Ich rufe laut: "Hola, hola!!" Als sich nichts tut, wiederhole ich meine Hilferufe. Zu meiner großen Freude tritt tatsächlich ein Bauer aus einem Stall heraus und sieht mich winken. Und nun folgt meine Erklärung, die mir aufgrund mangelnder Spanischkenntnisse die Schamröte ins Gesicht treibt: "Perro grande en el camino!" Der Bauer ruft mir endlose Erwiderungen zu. Vermutlich sagt er mir, dass der Hund nicht beißt. Aber das nützt alles nichts, von Angst gelähmt, kann ich mich nicht von der Stelle rühren. Ein paar Minuten wartet er ab, dann geht er zum Zaun, klatscht in die Hände und das Objekt der Furcht verschwindet. Ein ganzer Zentner fällt von mir ab. Auf gleicher Höhe angekommen, möchte ich ihm mein Verhalten erklären, stapfe die Böschung hinauf und zeige ihm die Bissnarben in meinem Arm. Davon wenig beeindruckt erklärt er, dass es keine bissigen Hunde auf dem Camino Santiago gibt. Und dann fragt er mich, ob ich zu einer bestimmten Zeit in Monesterio, dem nächsten Ort, sein muss. Er würde mich in dem Falle mit dem Auto dorthin bringen. Ich bin zutiefst gerührt. Er hält meine Angst vor Hunden für einen Vorwand, weil ich nicht mehr laufen kann und will mir helfen. Genau diese Menschlichkeit ist es, die ich über alles stelle. Schon oft habe ich sie in anderen Ländern, wenn ich mich fremd und hilflos fühlte, erfahren dürfen. Nur das Menschliche ist es, darin der Mensch das Göttliche fassen kann, sagt Gerhard Hauptmann.

Ich habe gar nichts dagegen, dass sich der Weg durch monotone Eukalyptusabpflanzungen an der Nationalstraße entlang zieht. Das gerade Erlebte gibt mir endlosem Stoff zum Nachdenken. Dann muss die Fahrbahn überquert werden, was man in Spanien aufgrund des rasanten Fahrstils in diesem Lande nur bei vollster Konzentration tun sollte. Bin wieder hellwach im Hier und Jetzt.

Aus einer Schlucht tönt fürchterliches Schweinegeschrei herauf. Zum ersten Mal begegnet mir Massentierhaltung auf diesem Trip durchs südliche Spanien. Die läuft genauso aus dem Lot wie Monokulturen. Man sagt, die Natur hilft der Tier- und Menschenwelt, wenn letztere sinnvoll mit ihr umgeht. Bleibt zu wünschen, dass Natur dann aufrüstet, wenn von sinnvollem Umgang nicht mehr die Rede sein kann.

Die vor mir liegende Steigung hat es in sich. Sogar die Lkws auf der Straße rechts von mir haben Probleme damit. Dann vom höchsten Punkt der Blick auf Monesterio. Auf einer Tafel am Ortseingang wird man herzlich in Extremadura begrüßt. Verabschiede Andalusien in meinen Gedanken, es hat mir sehr gut gefallen.

Extremadura

Folge der Nationalstraße, die sich durch den Ort, besser gesagt, die Kleinstadt zieht. In der Información Turistica , die, wie kann es auch zur Mittagszeit anders sein, Siesta hält, hängt eine Info für Pilger im Fenster: Der Schlüssel für die Herberge ist im Hotel so und so abzuholen.

Ich fühle mich so fit, mag noch gar nicht ans Übernachten denken. Und eine gute Tasse Café con leche trägt das ihre dazu bei, dass ich mir um 14:00 noch 20 weitere Kilometer zumute. Hier liegt kein Gruppenzwang vor, wie auch, wo diese Gruppe nur aus mir besteht und die Flucht vor überfüllten Schlafsälen ist es auch nicht. Ich hab einfach Lust darauf, mich noch länger in der Natur zu bewegen. Nach Stadtbesichtigung oder gar Museum ist mir gar nicht.

Am Ortsausgang kündigt ein Schild Fuente de Cantos an. Es sollen 21 km sein. Ich folge dem markierten Pilgerweg, der nach links abzweigt. Hinter den Mauern dieses Sandweges toben die Schweine davon, als sie meine Schritte vernehmen. Alte, wunderschöne Feigenbäume ziehen meine Blicke an. Ich hab wieder ein Stück Paradies zu fassen.

Über mir ziehen sich dunkle Wolken zusammen. Ob ich heute der Outdoor-Dusche entkomme, ist fraglich. Bei den ersten Tropfen versorge ich mich und mein Backpack mit Regenschutz. Zum Glück bleibt es wiederholt bei diesen ersten Tropfen. Da nimmt man dann doch gerne das lästige An- und Ausziehen in Kauf, zumal die den Weg säumenden Mauern gute Hilfestellung beim Abstützen des Backpacks bieten.

Weg nach Fuente de Cantos

Irgendwann, nachdem lichte Nadelholzhaine und eine feuchte Senke mit exotischer Weidenart durchwandert, dabei alle passierten Gatter wieder verantwortungsvoll geschlossen sind, ergießt sich der Pilgerweg ins weite Feld. Einem Meer gleich, wo der Blick über nichts als Wasser streift, erstrecken sich braunbunte Äcker so weit das Auge reicht. Hier und da Traktoren auf umgebrochenen Flächen. Sie bringen Saaten und Dünger aus. Ein näher kommender Traktorfahrer zeigt zu den Wolken. Schönes Gefühl, wenn sich jemand um mich sorgt. So sehr ich die Stille dieser Tage genieße und sie ist wirklich eine große Offenbarung, ohne die Begegnung mit Menschen und sei sie auch noch so kurz, würde mir Wesentliches fehlen.

Das sanfte Hügelland macht weite Vorausblicke möglich. In meiner Fantasie marschiere ich schon an der Zypressengruppe am Horizont vorbei direkt nach Fuente de Cantos ein. Die Realität der sich verdeckenden Hügel außer Acht gelassen. Als ich mich der Zypressengruppe deutlich genähert wähne, liegt noch eine Furt mit Anstieg und noch eine dazwischen.

Meine Kräfte lassen nach. Wenn jetzt ein Bauer seinen Heimweg antritt und mich mitnimmt, breche ich alle guten Pilgervorsätze. Ein Holzkreuz am Wegesrand lässt mich für ein paar Minuten zur Ruhe kommen. Der kräftige Wind spielt mit den Kleinodien, die Pilger hier hinterließen.

Dann endlich ist die letzte Anhöhe bewältigt, ein deprimierender Blick zurück auf verlassene Fincagebäude und ein freudiger nach vorn der leuchtend weißen Ortschaft entgegen.

Eine landwirtschaftliche Produktionsstätte rückt näher. Damit auch ein bestialischer Schweinegestank, der kaum auszuhalten ist. Ich weiß nicht, wie viele hundert Schweine sich auf der eingezäunten Fläche drängen, ihren Stress abbauen, indem sie ihre Leidensgenossen vom Futtertrog verbeißen, was ohrenbetäubendes Geschrei zur Folge hat. Kein einziges Mal zuvor habe ich Schweinegeruch wahrgenommen, dabei hatte ich die schwarzen Renner, wenn auch optisch von Mauern verdeckt, doch tagelang um mich. Die artgerechte Tierhaltung stinkt eben nicht zum Himmel.

In Fuente de Cantos angekommen verlassen mich die gelben Pfeile. Ein junger Mann meint, ich solle links weitergehen bis zum Kloster, in dem sich die Herberge befindet. Und dann meint er noch, er würde später auch dahin kommen. Versuche mir davon ein Bild zu machen: Pilgerherbergen in Klöstern sind entlang der Jakobswege etwas durchaus Normales, aber was hat ein Mitzwanziger am Samstagabend in einem Kloster vor?

Die nagelneue, äußerst modern gehaltene Außenanlage, der kaum etwas von alten sakralen Gemäuern anhaftet, hat so gar nichts mit dem gemein, was ich erwartet hatte. Die trendige Bar, vor der ich beim Eintreten stehe, noch weniger. Ein paar junge Männer sitzen am rustikalen Tresen, andere junge Leute stehen in Gruppen zusammen bei einem Glas Wein. An der hohen Glasfassade läuft der Regen wie aus Kübeln gegossen herunter. Man klärt mich über die Übernachtungsmöglichkeiten auf. Es gibt Schlafsäle im Herbergsbereich und ganz normale Hotelzimmer. Als ich die Preise höre und das Ambiente dazupacke, kommen mir Zweifel hier richtig zu sein. Dies sei die einzige Unterkunft für Pilger in Fuente, wird mir versichert. Als dann mein abgestelltes Backpack umfällt, mich ein Gast an der Bar auffordert, das gefälligst wegzuräumen, bin ich vollends sicher hier nicht hinzugehören. Aber ich habe keine Wahl und hätte ich eine, mir würde die Kraft fehlen noch weiter zu gehen.

Gegen 0:30 halte ich es nicht mehr aus. Sämtliche Geräusche aus der Bar, ob Musik, Stimmen oder die Schritte der Gäste, wenn diese die Toilette oder ihre Zimmer aufsuchen, schallen - bedingt durch die Gewölbe des Klosterinnenraums, das trotz Abtrennungen immer noch als solches existiert - so sehr, dass an Schlaf nicht zu denken ist. Der Manager entschuldigt sich bei mir, ich darf in ein

Zweibettzimmer am Ende des Traktes umziehen. Zum Trost lässt er mir einen schwarzen Tee bringen. Der Teebeutel ragt aus dem wenigen Wasser, das ihn umgibt, noch heraus. Wer den trinkt, bekäme selbst unter normalen Umständen kein Auge zu. Hier prallen Welten aufeinander: Partypeople, die sich amüsieren wollen und alles Recht dazu haben und totmüde Pilger mit dem Recht auf Nachtruhe. Die Rechnung, zwei Fliegen mit einer Klappe zu schlagen, geht nicht auf.

Am Morgen staune ich nicht schlecht. Drei weitere Pilger haben die Nacht hier verbracht. Es sind Spanier, zwei Männer und eine Frau. Zum Frühstück serviert uns der Manager, der so aussieht, wie man aussieht, wenn man die Nacht durchgemacht hat, kalte salzige Bratkartoffeln mit fettem Speck. Die drei Spanier rühren sie nicht an. Ich esse sie, denn wer weiß, wann es wieder etwas zu essen gibt. Afrika hat mich weises Vorausschauen gelehrt.

Schnell noch, denn er ist auf dem Sprung nach Madrid, schließt der Manager das Museum auf, das bedeutende Werke des spanischen Barockmalers Zurbarán ausstellt, der in Fuente de Cantos geboren wurde. Wie gerne hätte ich hier in der einstigen Klosterkirche länger verweilt. Gestern Abend war die Zeit dafür da, aber niemand hat mich von der Existenz dieser Schätze in Kenntnis gesetzt.

Die Pilgergruppe hat Kopien von Skizzen dabei, mit deren Hilfe wir uns den Weg hinaus aus dem Ort bahnen. Leider ist mein Spanisch zu mangelhaft, um zu erfragen, aus welcher Quelle sie schöpfen.

Dass der Laufrhythmus zu einem Menschen gehört wie sein Fingerabdruck, habe ich auf dem Camino Francés gelernt. Man kann auf Dauer weder zurückschalten noch übertouren, beides würde dem eigenen Wohlbefinden abträglich sein. So lasse ich mich laufen wie gewohnt. Die Pilgergruppe verliere ich dabei aus den Augen bzw. sie mich. Nach einer guten Stunde, in der ich über einen schnurgeraden Schotterweg westlich der Nationalstraße marschierte, erreiche ich Calzadilla de los Barros. Auf der Plaza de Espana halten ein paar ältere Männer ein Schwätzchen. Sie reagieren schon von sich aus auf meine suchenden Blicke nach den gelben Pfeilen. Außer ihnen und mir ist kein weiteres Leben vernehmbar. Ach ja, es ist Sonntag. Alle Jalousien sind unten. Nicht mal eine Bar mit Ausnahmebereitschaft gibt es hier. Bin nur froh keinen Hunger zu verspüren.

Die Feldwege sind von dem vielen Regen aufgeweicht. Damit sich der Lehm nicht kiloschwer an den Wanderstiefeln ansetzt, begeht man besser die Grasnarbe an der Seite. Das kostet verdammt viel Kraft. In einer Furt gibt's dann richtig große Probleme: Der ansonsten wohl eher harmlose Graben hat kräftig zugelegt. Suche den Uferbereich, der als dickes Binsendickicht das Grabenbeet einhüllt, zu beiden Seiten ab. Vor solchen Situationen, in denen es nicht weiter zu gehen scheint, hab ich schon oft gestanden. Und immer hat es eine Lösung gegeben, meist durch die Hilfe der lokalen Bevölkerung. Ein Blick zurück. Die nächste und einzige sichtbare Finca liegt einen guten Kilometer zurück und einen weiteren abseits des Pilgerweges. Meine weicher werdenden Knie schicken eine Botschaft ans Hirn: Die Hunde freuen sich schon auf dich.

Es fallen mir aus dem stark strömenden Wasser herausguckende Steinspitzen auf. Mache mir einen Trittplan. Der wird ein-, zweimal im Geiste durchgespielt und mit hochgekrempelten Hosenbeinen in die Praxis umgesetzt. Puh - ein Schritt daneben und ich hätte mitsamt meiner Habe auf dem Rücken in der erdgeschwängerten Brühe gelegen.

Wenig später lässt der Blick hinunter in die nächste Niederung Furchtbares erahnen: Ganze Ackerflächen stehen unter Wasser. Ein Bach ist zu einem reißenden Strom angeschwollen. Über den Horste bildenden Bewuchs am Weg kämpfe ich mich an den Wasserlauf heran, um erst mal einen Überblick über die Lage zu bekommen. Ein schwarzer glänzender Rücken huscht vor meinen Augen vorbei. Das kann nur ein Otter gewesen sein oder etwa ein Schwein? Auf den letzten Pfahl vor der Strömung gestützt schmiede ich den Plan, mich über Binsen und wilden Fenchel hinweg zurück zum begehbaren Weg zu arbeiten und rechtsseitig das stehende Wasser über die Äcker zu umschreiten. Die Rechnung hab ich ohne das wassergetränkte Erdreich gemacht. Meine Stiefel verschwinden im Matsch, ich kann kaum die Kraft aufbringen sie herauszuziehen.

Es ist schon weit über eine Stunde vergangen. Wundere mich, wo die anderen Pilger bleiben. Lasse meinen Blick von der Vollsperrung aus nach links schweifen. In ca. 800 m Entfernung stehen Stallgebäude auf der anderen Seite des Bachbettes. Es zweigt ein Weg von dem Pilgerweg dorthin ab. Das lässt auf eine Brücke schließen. Überwinde den Zaun am Weg, arbeite mich durch ein matschiges

Stoppelfeld, um dann nicht etwa vor der erhofften Brücke zu stehen, nein, der Bach hat sein zugewuchertes Bett verlassen, um sich über eine Betonschüttung von der Breite einer Fahrspur zu ergießen. Und das mindestens knietief. Ein Bauer kommt mit einem alten klapprigen Auto herangefahren. Den haben mir die Engel geschickt. Zwischen uns entsteht die lebendigste Unterhaltung, die man sich unter Menschen, die sich überhaupt nicht verstehen, vorstellen kann. Ich gehe davon aus, dass er sich denkt, wo mein Problem liegt und nicke zu allem, was er von sich gibt, mit dem Kopf. Er zeigt auf den Beifahrersitz, ich nehme das Angebot dankend an. Dann setzt er zurück, holt sozusagen mit der alten Kiste Schwung und bringt uns sicher ans andere Ufer. Seine Finca ist mit einer alten Mauer umzogen. Auf der Innenseite suhlen sich Schweine, außen wachsen zwischen Bachbett und ihr Binsenhorste. Der Bauer hilft mir auf die Mauer zu klettern und bahnt sich mit seinen Gummistiefeln einen Weg durch das in Wasser stehende Gestrüpp. Meine Schlafsackrolle löst sich vom Backpack und fällt wie durch ein Wunder nicht in die Schweinesuhle. Endlich wird der Binsendschungel von einem trockenen Stoppelfeld abgelöst. Gebe meinem Helfer zum Dank meine Hand. Sein Gesicht ist die reine Freude. Er hat von Herzen gern geholfen.

Zu dem beglückendem Gefühl einer gelungenen Begegnung und beseitigter Barrieren finde ich am anderen Ende des Stoppelfeldes auch noch einen Durchschlupf durch den Zaun. Hoffe, dass der Weg, den ich jetzt zu fassen habe, der weiterführende Pilgerweg ist. Sehne mich nach einem gelben Pfeil. Aber anstelle eines sicheren Gefühls macht die nächste Kreuzung, an der ein Holzschild mit der Aufschrift "Ruta de la Plata" nach links statt geradeaus zeigt, die Konfusion in mir komplett.

Die Wasserbarrieren haben enorm viel an Kraft verzehrt, Umwege kann ich mir heute nicht mehr erlauben. So folge ich dem Wegweiser, auch wenn mein Bauch anderer Meinung ist, und hoffe auf eine Markierung, die Sicherheit bringt. Nichts. Nach schätzungsweise 1,5 km Fußmarsch über das windige Plateau entscheide ich mich zur Umkehr. Zurück an der Kreuzung nutze ich die Chance für eine Auskunft ein Auto zu stoppen. Beide Wege führen in den nächsten Ort höre ich dann, nur der geradeaus ist der kürzere.

Natürlich entscheide ich mich für den kürzeren. Da der aber in einer Niederung verläuft, beunruhigt mich die Sorge nochmals vor einer Überflutung zu stehen. Ein Mopedfahrer mit einem Rucksack voller Arbeitsgeschirr sucht sich entgegenkommend seien Weg durch die großen Pfützen im Weg. Er hält, gräbt kleine Rillen damit das Pfützenwasser in die beidseitigen Gräben abfließen kann. Bei ihm hole ich mir die Gewissheit dem Weg ohne Probleme folgen zu können.

Es riecht so sonderbar, d.h. mir ist schon bewusst wonach - und richtig, da liegt ein totes Schwein im Graben. Bei diesen sintflutartigen Regenfällen wundert es mich nicht, wenn Tiere von den Weiden gespült werden und ertrinken. Etwas später ein Schweinekadaver im Graben auf der anderen Seite.

Es ziehen dunkle Wolken auf, ich mache mich regenfest. Wie heißt es noch die Pilgerschaft betreffend: Freud und Leid liegen dicht beieinander. Eine Weinplantage erstreckt sich am Weg lang. Im unteren Teil der Weinstöcke sind bei der Lese kleine Trauben übersehen worden oder sie sind nachgereift und werden in einem zweiten Durchgang nachgelesen. Egal, ich labe mich an ihnen. Sie versüßen mir den Tag auf ganz unerwartete Weise und helfen gegen den Hunger, der sich schon kräftig meldet.

Bald sieht man nur noch Wein. Der Weg kreuzt eine Bahnlinie. Eine Ortschaft kommt in Sicht. Frage nach der Herberge für Pilger, worauf spontan eine Wegbeschreibung folgt. Freude kommt auf, basierend auf der Hoffnung recht schnell eine Bleibe für heute zu finden und auszuruhen. Aber die Straße der Kreuze, die mit ihren zwölf Stationen wohl den Leidensweg Jesu darstellen soll, leitet mich aus Puebla de Sancho Pérez wieder hinaus und noch zwei Kilometer braucht es, bis ich zur Kapelle de Belén und der Herberge komme.

Die Unterkunft macht einen nicht weniger luxuriösen Eindruck als die gestrige. An der Rezeption ein sympathischer junger Spanier, der mehrere Sprachen beherrscht. Er empfiehlt mir noch ein paar Kilometer auf mich zu nehmen, um in Los Santos de Maimona in einer günstigen Pilgerunterkunft zu übernachten. Hier im Hause könnte ich selbstverständlich auch bleiben, aber die Zimmer haben der gehobenen Ausstattung entsprechend natürlich ihren Preis. Über den muss ich weiter nicht nachdenken, denn das Ambiente des Hauses spricht für sich. Mein Blick fällt auf meine Stiefel, vielmehr auf das, was gerade von ihnen abblättert: feinste extremadurische Erde. Man sieht mir an, dass ich heute einige Hürden genommen habe. Der Empfangschef winkt ab, als ich mich entschuldige. Pilger sehen eben so aus. Er malt mir einen Streckenplan, bei dessen konsequenter Einhaltung ich Zafra, die wenige Kilometer entfernte Stadt auf der Pilgerroute, links liegen lassen kann. Ich müsste aber alle gelben Pfeile außer Acht lassen. "Kein Problem" antworte ich dem freundlichen Touristenfreund und lasse mir seine Skizze erklären. Danach bittet er mich die schmucke Holztreppe hinauf, will mir die Besonderheit dieses Ortes zeigen. Auf Strumpfsocken folge ich ihm. Wir stehen auf einer Caféterrasse und schauen in eine Arena. "Dies ist die älteste Stierkampfarena Spaniens", erklärt er stolz. Als Tierfreund durch und durch gibt es für mich kaum etwas, was ich so ablehne wie Stierkämpfe. Fühle mich unwohl in meiner Haut. Mein Gegenüber spürt das. Er wisse, wie man in Deutschland und anderen europäischen Ländern über den Stierkampf denke, sagt er. Für ihn sei das eine so selbstverständliche Tradition, dass er sich ein Leben ohne sie gar nicht vorstellen kann. Zwischen uns entsteht ein sehr interessantes Gespräch. Er erzählt mir, sich das Leiden von Tieren nicht vorstellen zu können, noch nie in seinem Leben etwas für ein Tier empfunden zu haben. Und ich beschreibe ihm, wie sich das Leiden eines Tieres für mich anfühlt, ich es körperlich spüren würde, wenn ich mich dem aussetzte. Welten, die aufeinander prallen, aber sie tun dieser Begegnung keinen Abbruch. Die Achtung vor einander trägt durch.

Zurück zum Zentrum. An der Plaza gibt es sogar mehrere geöffnete Cafés und das am Sonntag. Ich verwöhne mich mit Kaffee und Kuchen. Um mich herum geht die Post ab. Der Fernseher läuft bei Überzimmerlautstärke, die Musikanlage ebenfalls und ca. 80 Menschen jeden Alters reden und laufen durcheinander. Ich mag diese urtypischen spanischen Zusammenkünfte. Sie strahlen eine Lebensfreude aus, die ansteckend auf mich wirkt.

Gut aufgetankt nehme ich die Skizze in die Hand und ziehe los. Aus Puebla heraus und ins Industriegebiet von Zafra hinein geht noch alles gut aber dann verlassen sie mich. Ratlos stehe ich auf einem Kreisel von dem vier Fahrspuren abgehen. Welche von ihnen der Road to Los Santos auf der Skizze entspricht, steht in den Sternen. Das Risiko eine falsche zu erwischen, kann ich nicht eingehen. Meine Kräfte gehen gegen Null.

Ein Polizeiauto fährt in den Kreisel. Ich stoppe es. Zeige ihnen die Skizze mit meinem Bestimmungspunkt, der Herberge in Los Santos, und kann ihnen verdeutlichen, dass der Schlüssel zur Herberge bei der örtlichen Polizeistation abzuholen ist. Sie wollen mich hinbringen. Meine Entkräftung ist soweit fortgeschritten, dass die Polizei in diesem Fall über den Freund und Helfer hinaus zum Retter avanciert.

Ich staune nur noch: Die Beamten fahren mit mir eine Fernverkehrsstraße hinauf, für deren Trasse eine Schneise durch ein Gesteinsmassiv gefräst wurde. In Spanien kein seltener Anblick. Auf der anderen Seite geht es mit viel Gefälle hinunter. Eine Kleinstadt liegt uns zu Füßen. Sie befragen einen Tankwart, danach noch einmal Passanten in der Straße. Zu gerne hätte ich gewusst, was sie mit mir vorhaben. Dann finden sie offenbar, was sie suchen: die Einfahrt zu der Straße, die auf den Bergeskamm hinaufführt. Oben angekommen wird weiter gesucht, bis wir zu einem einsamen, länglichen Bau mit geschlossenen grünen Fensterklappen kommen.

Das sei die Herberge, wird mir mitgeteilt und ob ich wirklich hier alleine übernachten will, gefragt. Ein bisschen unwohl ist mir bei dem Gedanken schon, aber ich will mir als anspruchslose Pilgerin, die hart im Nehmen ist, keine Blöße geben und den hilfsbereiten Beamten ihren beispiellosen Einsatz nicht mit Undank entlohnen.

Die beiden wollen zur Polizeistation nach Los Santos hinunterfahren, den Schlüssel für die Herberge holen. Ich soll warten. Und so sitze ich auf der Bank vor der Herberge, schaue auf die Kleinstadt hinab und denke nach: Das kann doch nicht der Weg gewesen sein, den mir der freundliche Stierkampfanhänger wärmstens empfohlen hat? Vom Kreisel bis hierauf sind es doch bestimmt zehn km gewesen. Aber wo verläuft die gemeinte Abkürzung?

Die Polizisten kommen zurück. Ich soll mich noch etwas in Geduld fassen, ihre Kollegen werden den Schlüssel in 15 Minuten hochbringen. Dass ich diesen beiden Menschen, ja sie haben einen wahrhaft menschlichen Dienst an mir geleistet, nur ein "Muchas Gracias" mit auf den Weg geben kann, beschämt mich sehr.

Der Schlüssel kommt. Muss meinen Pilgerpass vorlegen, dessen Daten in eine Liste übertragen werden, und drei Euro für die Übernachtung zahlen. Den Schlüssel soll ich morgen früh in der Polizeistation abgeben. Man hilft mir noch den Boiler anzuschmeißen. Aber bei der Freude auf eine warme Dusche bleibt es leider, es kommt kein warmes Wasser. Das Bedürfnis auf körperliche Reinigung kann ich unterdrücken, aber was ist mit dem Hunger, der immer heftiger wird. Da gibt es nur eines: Abstieg nach Los Santos.

Draußen tut sich was. Ein Auto nach dem nächsten rückt an. Im Schutze der Abgeschiedenheit und verzaubert von dem Lichterschein der abendlichen Stadt machen es sich die Liebespärchen hier oben gemütlich. Was ganz in meinem Sinne ist, denn ich fühle mich besser mit Menschen in Rufnähe.

Nehme einen Wanderweg, der mit "Ruta Verde" ausgezeichnet ist, seinen Namen wirklich verdient, weil er durch einen frischgrünen Nadelwald führt und der mich in westliche Richtung ans andere Ende der Stadt bringt. Überrascht stoße ich auf einen Weg mit Markierung (gelber Pfeil), der vom Kamm herunter in die Stadt geht. Das wäre also die Abkürzung gewesen.

Hauptkirche in Los Santos de Maimona

An der größten Kirche, die mir von oben zur Orientierung diente, vorbei suche ich die Straßen nach Restaurants ab. Aber ich finde kaum welche und die, die heute am Sonntag warmes Essen anbieten, servieren erst ab 21:00. Wenn wenigstens ein Supermarkt geöffnet hätte! Spanien lässt seine Gäste Hunger schieben.

Völlig fertig setze ich mich in eine Bar und klage dem Wirt mein Leid. Der geht daraufhin in die Küche, brät mir zwei dünne Steaks, die er mit einer großen Portion Pommes unterlegt serviert und versöhnt mich wieder mit Spanien.

Erschöpft aber zufrieden trete ich den Aufstieg über die Teerstraße an, auf der mich die Polizisten brachten. Das letzte Stück kann man über eine Treppenanlage abkürzen. Oh Schreck, was ist das denn? In meinem 20-Betten-Appartement brennt Licht. Vorsichtig stoße ich die angelehnte Tür auf. Zu meiner großen Überraschung ist die spanische Pilgergruppe auch eingezogen. Mit ihnen war nicht zu rechnen, denn sie hatten sich heute morgen Zafra zum Ziel gesetzt. Wie gerne hätte ich sie gefragt, wie sie die Wasserhindernisse bewältigten, wo sie etwas zum

Essen fanden und woher sie von dieser Herberge wussten. Aber da haben mir die Erbauer des Turmes zu Babel einen Strich durch die Rechnung gemacht. Nie zuvor hat mir Gesellschaft im Schlafsaal so gut getan wie in dieser Nacht.

Breche früh auf, es ist noch dunkel. Die Spanier geben meinen Schlüssel mit ab. Da der Weg hinunter und durch die Stadt mir schon bekannt ist, kann ich locker und unbeschwert vor mich hin laufen. In dem Straßengewirr in Kirchnähe muss ich dann doch nach dem richtigen Weg fragen. Ein freundlicher Herr mit Rucksack gibt deutlich sprechend Auskunft. Fragt mich dann, ob ich in der Albergue juvenil übernachtet habe und nun den Jakobsweg fortsetze. Welch eine Wohltat - ein Einheimischer kennt den Jakobsweg!

Vom Kirchplatz aus folge ich den gelben Pfeilen auf den Bordsteinen, die an der Plaza Chica plötzlich nicht weiter geradeaus sondern in einen Eingang zeigen. So lande ich in der Café Bar "Casi", die gerade aufmacht. Der Wirt stellt die Stühle herunter, schaltet die Geräte ein und spricht derweil mit mir wie ein alter Vertrauter. Mein verwunderter Blick veranlasst ihn auf seinen Rucksack zu zeigen. Wie peinlich, ich habe ihn nicht wiedererkannt. Er reicht mir zur Überbrückung der Wartezeit, bis mein Frühstück fertig ist, ein Pilgerhandbuch von der Via de la Plata in spanischer Sprache. Einzelne geheftete Blätter zeigen aneinander gereihte Streckenabschnitte. Was hätte ich mir alles ersparen können, wenn ich die in Händen gehabt hätte. Verkaufen kann er mir den Führer nicht, den hat er zur Ansicht für seine Pilgerkunden auf dem Tresen liegen. Nun fallen mir erst die Muscheln, Kalebassen und Wanderstäbe auf - alles Pilgerutensilien, mit denen er sein Café geschmückt hat. Casimiro ist der Freund der Pilger in Los Santos. Er bereichert mit seiner freundlichen Zuwendung auch mein Pilgerwohlbefinden außerordentlich.

In der nächsten Querstraße öffnet gerade ein Supermarkt. Heute beuge ich vor, werde nicht wieder mit beißendem Hunger auf Nahrungssuche gehen, mich von den ungewöhnlichen Essenszeiten der lokalen Bevölkerung frusten lassen. Ja, ja ich weiß: Kommst du nach Rom halt es wie die Römer. Wäre alles kein Problem, würde ich von morgens bis abends in der Sonne liegen. Ich bin aber auf den Beinen, kann meinen Kalorienbrenner nicht auf null fahren. Wenn hier gegessen wird, müssen Pilger längst ruhen, um für die nächsten Kraftanstrengungen aufzutanken.

Tierra de Barros

Aus Los Santos finde ich ohne Probleme hinaus. Auf die Fechas ist Verlass. Sie helfen mir auch durch die fruchtbaren Ländereien der Tierra de Barros. Mit Obst hätte ich mich gar nicht eindecken brauchen, an den Weinstöcken am Wegesrand hängen noch jede Menge nicht gepflückter Trauben. Aber Vorsicht beim Betreten der Äcker! Von den vielen Regenfällen aufgeweicht klebt die Erde an den Stiefeln, als würde ihr Fortbestehen den Kletten gleich von der sicherzustellenden Verbreitung abhängen.

Irgendwann leitet mich die gelbe Markierung unter einer neuen Autobahnbrücke durch, quasi parallel zur unterführenden Nationalstraße. Diese soll sofort danach überquert werden. Glaube der Markierung aber erst, als ich in dem die Straße begleitenden Zaun auf der anderen Seite eine Möglichkeit entdecke, drunter durch zuschlüpfen. Gelange so anscheinend offiziell ganz plötzlich in bewohntes Gebiet.

Hübsche Villen mit prächtigen Gärten säumen die nun kräftig ansteigende Straße. Zwischen mir und dem Ortsbeginn von Villafranka de los Barros liegt ein ich weiß nicht wie viele Hektar großes Stück Ackerland, auf dem gerade alte Weinstöcke gerodet und auf einen Brennhaufen gefahren werden, dessen Flammen meterhoch emporsteigen. Wie sich hier bewahrheitet, dass allem Ende ein Anfang innewohnt, zeigt die Neuanpflanzung, an der ich wenige Gehminuten später entlang komme.

Villafranka ist eine hübsche, aufgeräumte kleine Ortschaft. Ruhe in der Sonne auf einer Bank vor dem Rathaus aus. Die Pilgergruppe kommt vorbei. Sie haben gerade im Restaurant José in der Calle Pizarro vorzüglich gegessen und sind auf Quartiersuche. Wieso verstehe ich sie auf einmal so gut? Sie haben langsam und deutlich nur das Wesentliche mitgeteilt und ich musste keine komplizierten Fragen stellen. Das macht Mut.

Eigentlich wollte ich nur auf ein Bier ins Restaurant José, aber dann verführen mich die sündhaft guten Tapas total. Der Rohmilchkäse der Region übertrifft einfach alles. Im Genuss versunken vor mich hinblickend, entdecke ich eine rote Din A-4-Seite mit der Aufschrift "Libro de Peregrino" an der Wand. Sollte dies ein Pilgertreff sein, ähnlich wie das Casi in Los Santos, allerdings mit dem Unterschied, dass man hier den Pilgerführer erhält? Auf meine Frage nach dem Libro de Peregrino nimmt der Barmann das Heft, das sich hinter der Din A-4-Seite verbirgt von der Wand und legt mir einen Kugelschreiber daneben. Ich muss über mich selbst lachen, als ich meinen Irrtum entdecke: Es ist ein Gästebuch für Pilger, in dem sich schon Menschen aus aller Herrenländer eingetragen haben. Genauso wie in den Orten entlang des Camino Francés, nur dass hier nur alle paar Tage einer durchkommt.

Mit neuen Kräften mache ich mich auf. Die von ihrem Besitzer abandonnierte Michelin-Karte zeigt eine größere Stadt in ca. 20 km Entfernung. Da werde ich sicher alles finden, was ich brauche. Und die schlappen vier Stunden durch eine abwechslungsreiche Landschaft werden wohl kaum Langeweile aufkommen lassen.

Und wieder kommt es anders als man denkt. Die kerzengerade Schotterstraße nebst ihrer vorangehenden Feldwege, die sich in einigem Abstand zur N-630 durch nicht enden wollende flache Weinkulturen zieht, geizt wie kein anderer Abschnitt der Via de la Plata mit Erlebnisfülle. Für Abwechslung sorgen nur die würfelartigen Granitblöcke mit ihrer sonderbaren Gravur, die an das Fraßbild der Borkenkäfer erinnert. Mit ganz viel Fantasie lassen sich vielleicht zwei Pilger ausmachen, die von Querrille zu Querrille (Streckenabschnitte?) unterwegs sind. Die hellen, hockerartigen Würfel sind brandneu, auf einigen klebt sogar noch die Schablone. Sie tauchen alle paar Kilometer am Wegesrand auf. Es mag mein Sehnen nach Sicherheit sein, das sie der Pilgerei zuordnet. Oder sollten sie unterirdische Leitungen markieren, die die Oberleitungen entlang der Schotterstraße ersetzen sollen? Wir werden sehen. Fürs Erste nutze ich sie zum Draufsitzen. Ab und zu entdecke ich an den stählernen Trägern der Stromleitungen verblasste gelbe Pfeile. Was will man mehr.

Langweilig wird es nur in punkto Begegnung. Weit voraus wechselt ein Traktor auf die andere Seite der Monokultur. Das ist alles. Meine Gedanken kreisen um mich selbst. Habe immer gemeint, ich mache mir was vor, wenn ich behaupte, gut mit mir allein sein zu können. Diese Pilgertour tritt den Beweis an. Das konnte der

Camino Francés mit seinen Menschenscharen nicht, die man, auch wenn man mal für sich allein wanderte, doch stets vor oder hinter sich wusste. In einem von Coelhos Büchern steht: Hütet euch vor der Einsamkeit. Sie macht genauso süchtig wie die stärkste Droge. Ohne mich des Dopings freizusprechen, auch bei mir haben die Lebensumstände die Lebensform bestimmt. Heute wird ein wunderbarer Sonnenuntergang für mich nicht schöner, wenn ich ihn mit anderen teile.

Das mit den schlappen 20 km war allerdings nichts. Bekomme zusehends mehr Probleme, besonders am Gehapparat. Zwei Damen, die sich an der Sportart des schnellen Gehens ertüchtigen, nähern sich auf einem Seitenweg aus Richtung Nationalstraße. Hinter ihnen am Horizont der Anfang einer Stadt. Kann sich nur um Almendralejo handeln. Erfahre von den beiden, dass vor uns auf der Anhöhe eine Straße links ab in die Stadt führt, Entfernung drei Kilometer. Kurz vor der Brücke über die Autobahn - keine Ahnung, wo die auf einmal herkommt - muss ich aufgeben. Ich kann nicht mehr.

Ein älterer Herr hält mit seinem Auto, nimmt mich mit. Bevor man von der Stadt selbst etwas sieht, geht's durch ein Industriegebiet. Nein, beim besten Willen, das hätte ich zu Fuß nicht mehr bewältigt. Der freundliche Fahrer möchte wissen, wo ich hin will. Er hat noch nie von einer Pilgerherberge oder sonstiger Unterkunft für Pilger in Almendralejo gehört, will aber in der Kirche, zu der er gehört, nachfragen. Im Nebengebäude der Kirche treffen wir auf eine Ordensschwester in schwarzer Tracht, die jungen südamerikanischen Mädchen Handarbeitsunterricht erteilt. Von meiner Suche nach einer Unterkunft durch meinen Helfer in Kenntnis gesetzt, drückt schon ihre Haltung, ohne dass ich auch nur ein Wort verstehe, aus, dass ich hier fehl am Platze sei und bloß machen soll, dass ich wegkomme. Sie erinnert mich sehr an die Oberin im San Vicente in Sevilla. Mein Begleiter macht einen ganz verdatterten Eindruck. Seine Vorstellung von Kirche scheint nicht zu der kalten Dusche zu passen, die gerade auf uns niederging. Aber in der Straße will er mich nicht stehen lassen. Wir fahren zur Polizei. Vielleicht weiß man dort mehr, hält wie bereits erlebt einen Schlüssel in Gewahrsam. Man nennt uns ein Hotel, das den Schlüssel zu einer Pilgerunterkunft aushändigt. Mein engelhafter Helfer bringt mich auch da noch hin. Geschlossen. Er fragt, ob ich auch ein Hotel akzeptieren könnte. Klar, wenn das nicht zu teuer ist. Er kennt eins, bringt mich dorthin, kommt auch noch mit zur Rezeption, um alles klar zu machen und zeigt mir anschließend, wo ich mich morgen früh hinstellen muss, um per Anhalter durchs Industriegebiet wieder an den Punkt zu gelangen, wo ich heute den Pilgerweg verließ. Danke dieser zauberhaften Seele von ganzem Herzen.

Mein Zimmer liegt im zweiten Stock. Zeige auf meine 'lehmhaltigen' Stiefel, bevor ich den roten Treppenläufer betrete. Die Hotelinhaberin winkt ab. Trotzdem fühle ich mich unwohl, deplaziert in diesem feinen Haus, das mit seinen goldenen Handläufen und bleiverglasten Fenstern, wahrscheinlich alles im Stil seiner Zeit gehalten, mich mehr zur Besichtigung lockt als dass ich es zur Pilgerherberge degradieren möchte. Ich kann hier nicht bleiben, es geht einfach nicht. Ich werde nichts besseres in Almendralejo finden, gibt mir die immer noch freundliche Frau, die keine Ahnung hat, was in mir vorgeht, mit auf den Weg. Damit hilft sie mir, das zu tun, was mein Bauch schon länger rät: Fahr zurück nach Villafranca.

Gedacht, getan. Fahre per Anhalter mit einem Grün-Kreuz-Auto zurück. Im Restaurante José schmunzelt man über meine kleine Odyssee. Vermutlich bin ich nicht die erste Pilgerin, die in Almendralejo Quartierprobleme hatte. Einer aus der Kellnercrew nennt mir eine private Adresse, wo ich ein Zimmer bekommen kann, zeigt mir den Busfahrplan an der Wand und draußen den Weg zu Unterkunft und Busbahnhof.

Die schmale Flügeltür in der San Antonio Nr.33 steht halb offen. Auf mein Klingeln erscheint eine gepflegte ältere Dame, die meiner Sprachprobleme gewahr sofort ins Englische umschwenkt. Die hat mir der Himmel geschickt! Aber offenbar umgekehrt noch mehr. Sie lässt mich gar nicht mehr los, als sie hört, dass ich Deutsche bin. Sie ist Kubanerin, musste 1962 während der Kubakrise mit ihrer Mutter Kuba verlassen. Sie gingen in die Vereinigten Staaten, wo sie und ihre Mutter über viele Jahre von einem Deutschen namens Hans Unterstützung bekamen. Später lernte sie ihren Mann kennen, zog zu ihm hier in das Haus. Sie zeigt mir mein Zimmer, dann die anderen Zimmer des Hauses. Im Festtagswohnzimmer, das nur zu besonderen Anlässen genutzt wird, ist die Decke durchfeuchtet.

"Der viele Regen in diesem Jahr bringt uns noch um den Verstand", sagt Esperanza, die viel Wert darauf legt, dass wir uns beim Vornamen nennen. Vor vielen Haustüren sah ich mit Plastik überzogene Holzrahmen stehen. Esperanza erzählt, wie man nur mit solchen Maßnahmen sich das Wasser aus den Häusern fernhalten kann. Tatsächlich gießt es ja seit Tagen zum Teil sintflutartig. Bis auf wenige Tropfen habe ich nichts davon abgekriegt. Kaum zu glauben.

Mir werden alle Anwesenden vorgestellt. Am liebsten hätte mich meine Spontanfreundin zu ihren Liebsten aufs Sofa gesetzt. Aber ich muss ruhen, habe einen anstrengenden Tag hinter mir. Zwischen Dusche und Bettruhe erwischt sie mich dann doch noch. Soll mir das Foto von Hans ansehen und ihre Adresse notieren, um ihr aus Deutschland Post zu schicken. Sie küsst mich freundschaftlich auf beide Wangen, weil wir uns morgen wegen meines frühen Aufbruchs nicht mehr sehen. Drücke ihr die 12 Euro für die Übernachtung in die Hand, bevor ich vergesse, sie hinzulegen. Vorm Einschlafen beschäftigt mich der Gedanke, wie sehr wir Menschen im Ausland unser Heimatland repräsentieren, im Positiven wie im Negativen und damit Wohl und Wehe unserer Landsleute fern von zu Haus beeinflussen. Wie Hans weit über seien Tod hinaus.

Der Busfahrer will 96 Cent von mir. Wiederhole mein Fahrziel mehrmals, kann mir nicht vorstellen, für so wenig Geld so weit zu kommen. Er bleibt bei seiner Forderung.

In die Straße durchs Industriegebiet eingebogen, halte ich meinen Daumen raus. Mehrere Autofahrer zeigen nach links oder rechts, sagen mir damit, dass sie gleich abbiegen, mich nicht mitnehmen können. Es hält ein Lkw weit vor mir an. Den hätte ich aus Sicherheitsgründen gar nicht angehalten. Gehe weiter. Ein unwohles Gefühl beschleicht mich. Der Truck zieht langsam an mir vorbei und hält gute 300 m vor mir auf freier Strecke wieder an. Alle meine Warnleuchten schalten auf rot, ich biege rechts auf das Gelände einer Tankstelle ein und warte. Zehn Minuten später ist er weg. Meinen Schutzengeln sei gedankt.

Hinter der Autobahnbrücke kommt mir alles so fremd vor. Hätte jede Wette eingehen können, dass diese Straße gestern keine weißen Begleitstreifen hatte. Aber das kann gar nicht sein, bin ich doch in die selbe Industriestraße eingebogen, aus der ich gestern mit dem freundlichen Spanier herauskam.

Ein Auto hält. Der Fahrer trägt Signalfarbe, arbeitet wohl bei der Straßenmeisterei. Von der Via de la Plata hat auch er noch nie gehört. Meine Augen suchen die rechte Seite ab, immer in der Hoffnung die Einmündung der ewig langen

Schotterstraße mit begleitender Stromleitung wiederzufinden. Wir sind mindestens 10 bis 15 km gefahren, ich bitte den Fahrer zu halten. Ich bin außer mir, zweifle an meinem Verstand. Mit viel Mühe kann ich dem Fahrer verständlich machen, dass dies nicht die Straße sein kann, in die ich gestern einbog. Da aber der Jakobsweg weiter geradeaus gen Norden verläuft, muss er diese Straße auch queren. Wir fahren langsam zurück. Und tatsächlich, von Süden kommend zieht sich eine Schotterstraße weiter durch Weinplantagen, genauso wie ich sie gestern verlies. Nur bin ich an dieser Kreuzung nie gewesen. Vor Erleichterung und Freude hätte ich meinen orangen Retter küssen können, was ich natürlich unterlasse.

Für die nächsten eineinhalb Stunden darf landschaftlich zu gestern kaum mit einer Veränderung gerechnet werden. Das macht mir gar nichts. In meinem Kopf dreht sich alles um die gerade erlebte Verwirrung. Würde es sich hier nicht um infrastrukturelle Wirklichkeit handeln, würde ich meinen, es hätte sich jemand einen üblen Scherz mit mir erlaubt. Des Rätsels Lösung kann nur lauten: Zwei ähnliche Landstraßen kreuzen die Via de la Plata und kommen im Industriegebiet zusammen.

Die gute Michelin-Karte hat ausgedient. Ab jetzt muss ich mit der simplen Touristenkarte aus Sevilla Vorlieb nehmen. Nach der ist zwischen Almendralejo und Mérida noch ein Ort zu erwarten.

Als kein Wegweiser mehr aufzufinden ist, entscheide ich mich für einen Feldweg, der zwischen kahlen Äckern einen Hügel hinauf führt. Von dort oben wird man weit schauen können, das ist schon die halbe Orientierung. Und richtig, ca. zwei Kilometer entfernt hinter der Bahnlinie liegt eine Ortschaft. Wie eine Oase liegt sie da. Was nicht heißen soll, dass die Weite der Tierra de Barros etwas Wüstenhaftes hat, ganz im Gegenteil, sie kann nur zu den fruchtbarsten Landstrichen zählen, die Spanien zu bieten hat. Aber sie hat etwas Vereinsamendes, was wohl damit zu tun hat, dass man zwischen den wenigen großen Orten kaum Menschen trifft und kleine Ansiedlungen wie Dörfer nicht existieren.

Der Feldweg zielt auf einen Tunnel zu, der komplett unter Wasser steht. An der Tunnelaußenmauer zwei frische, dicke, gelbe Pinselstriche, die zur Bahnbrücke zeigen. Hier soll schnelles Handeln wohl Ordnungswidrigkeiten (Überklettern der Bahngleise) vorbeugen.

Es ist Mittagszeit. Ein kühles Bier zu meinen selbstgemachten Bocadillos bekomme ich trotzdem, denn in Torremegia gibt es eine Ausnahmebar.

Wie immer nach einer ausreichenden Pause, bei der ich nach Möglichkeit die Stiefel ausziehe und mich beim Essen setze, geht's mit neuer Energie weiter. Verwende gleich ein großes Stück davon auf die Suche nach der Markierung, die mich aus dem Ort herausführt. Eine Wohnstraße geht in einen Feldweg über. Ein Fahrradpilger in farbenfroher Montur kommt mir entgegen. Es gibt keine gelben Pfeile mehr und der Weg geradeaus ist unpassierbar, lässt mich der spanische Pilgerkollege wissen, wobei er auf sein Fahrrad zeigt, das völlig verschmutzt ist. Er will nach Torremegia zurückradeln, um den richtigen Verlauf des Pilgerweges zu erfragen. Derweil überquere ich die Bahnschienen. Der Zustand des weiteren Wegverlaufs lässt sich kaum in Worte fassen. Bis zur Oberkante der Stiefel sacke ich bei jedem Schritt im Matsch ein. Und das über mehrere hundert Meter. Erst auf der höher verlaufenden kreuzenden Straße hat der Spuk ein Ende. Sehe, wie sich nun der Radpilger durch den Schlamm kämpft. Er konnte nichts über den korrekten Wanderweg in Erfahrung bringen, trotz uneingeschränkter Spanischkenntnisse, will aber die Teerstraße, auf der wir stehen, bis Torremegia abfahren und nach Querungen mit gelben Pfeilen Ausschau halten. Ich säubere inzwischen meine Stiefel, jedenfalls so gut wie möglich. Bin ausgesprochen gut drauf. Ja, geteiltes Leid ist wirklich nur halbes Leid. Stehe das erste Mal nicht allein vor einem Problem.

Wir beratschlagen uns bezüglich des fortzusetzenden Weges. Geradeaus der Naturpfad soll es sein. Der spanische Radler verabschiedet sich freundlich. Schade, die Gesellschaft hat mir gut getan.

Eine traumhaft schöne Landschaft tut sich auf: knorrige alte Bäume, duftendes Blütengehölz und hier und da schroffes grauweißes Gestein. Alles in einer leicht abfallenden Hanglage. Die Faszination ist so immens, dass die Sorge um den richtigen Streckenverlauf dahinter verblasst. Als sich der Weg teilt, stoße ich in einer halbtrockenen Pfütze auf die frische Radspur meines Pilgerbruders und weiß, welche Richtung einzuschlagen ist. Diese Fährte hat er gelegt, um mir zu helfen. Noch viele Male kommen mir die deutlichen Profilabdrücke des Mountainbikes zugute.

Uralte Meilensteine tauchen auf. Stammen die aus der Römerzeit? Dann habe ich jetzt also die alte Römerstraße, die den Süden Spaniens mit seinem Norden verband, bewiesenermaßen unter meinen Füßen. Dann ein Granitwürfel mit Borkenkäferrelief - nun kann nichts mehr schief gehen.

Ein märchenhafter, alter Brunnen etwas abseits des Weges. Komme ins Träumen. Aber einige Schritte weiter bin ich wieder hellwach, denn der Pfad verläuft über eine Finca, auf der ein Hund von bereits beschriebenem Kaliber Wache schiebt. Das Herz schlägt mir bis zum Halse. Wo nur um alles in der Welt hab ich die richtige Route verfehlt? Mir wird deutlich, dass das Pilgern ohne Anleitung Gefahren in sich birgt - große sogar.

Umlaufe die Finca weitläufig. An einem weiteren Brunnen endlich wieder eine gelbe Markierung. Durch eine Weinanbauebene geht's weiter. Weit vor mir leuchtet etwas Buntes auf: Der Fahrradpilger befreit die Räder seines Bikes von diversen Lehmschichten. Er fragt, ob ich in Mérida Station mache. Er hat das nicht vor, weil es nach seinen Aufzeichnungen dort keine Pilgerherberge gibt. Für mich ist Mérida ein Muss, europäisches Kulturgut, von der Unesco zur Erhaltung unter Schutz gestellt. Der Pilgerkollege verabschiedet sich das zweite Mal. Kurz darauf muss ich die Entscheidung treffen, links abzubiegen oder geradeaus weiter zu gehen. Genau auf der Ecke steht ein Granitwürfel. Eine Radspur ist im trockenen Sand nicht auszumachen. Ich biege ab. Weiter vorn hält ein Auto. Nach wenigen Metern kommen mir Zweifel, ich drehe um. Vernehme ein Pfeifen. Aus dem Autofenster winkt eine Hand: Komm her! In der Hoffnung, dass da jemand weiterhelfen kann, drehe ich wieder. Als ich auf gleicher Höhe mit dem Fahrzeug bin, öffnet sich die Beifahrertür und ein Kerl von so schockierendem Äußerem springt heraus, dass ich wie vom Blitz getroffen zurückweiche. Satanskult - schießt mir in den Kopf. Der spitteldürre, aufgeschossene junge Mann hat sich aus seinen kurzen Haaren zwei Hörner geformt. Über seine Wangen verteilen sich schwarze Spots, die wohl aus stehen gelassenen Barthaaren zusammengezwirbelt wurden. Ich versuche die Fassung zu bewahren, antworte auf seine Frage, wo ich hin will. Dies sei der richtige Weg, versichert er mir. Der Fahrer bestätigt diese Aussage. Er ist von weniger exorbitantem Aussehen. Trotzdem bleibt mir vor Angst fast die Luft weg. Dass es der falsche Weg ist, weiß ich längst. Immer schneller werdend marschiere ich den kräftig ansteigenden Sandweg hinauf. Bin auf alles gefasst. Sollte ich Motorengeräusche vernehmen, springe ich rechts in die Weinplantage und laufe solange mich meine Beine tragen.

Auf einem Autobahnzubringer komme ich raus. Zwischen Leitplanke und Fahrbahnmarkierung bewegt man sich nicht gerade gefahrlos und doch fühle ich mich im Vergleich zu vorher sicher wie in Abrahams Schoß. Langsam weicht die Angst von mir.

Römerbrücke von Mérida

Kilometer weiter beginnt das Industriegebiet von Mérida. Nun geht's nur noch bergab, bis ich vor der alten Römerbrücke stehe, eines der Wahrzeichen dieser Stadt. Sie ist sinnvollerweise den Fußgängern vorbehalten. Unter ihren massiven Gesteinsquadern fließt der Guadiana fast unmerklich.

Bevor ich mich von dem Flair der arkadenumgebenen Plaza de España mit ihren schönen Palmen einlullen lasse, kläre ich doch besser meine nächtliche Unterbringung. Ein Polizist und ein Ortsansässiger, die miteinander ein Schwätzchen halten, sind sich beide sicher, dass es unten am Bahnhof eine Pilgerunterkunft gibt.

Und was ich immer sage, dass man nämlich auf der Suche nach etwas einen Ort ganz wunderbar kennenlernen kann, bestätigt sich hier in Mérida aufs Neue.

Es ist früher Abend, die Straßen voll von Menschen. Befrage die Beamten am Schalter nach betreffender Adresse. Das Gebäude grenzt zwar an den Bahnhof, insofern stimmt die Erstauskunft, nur ist dort ein Männerasyl untergebracht. Oh nein, das würden meine Nerven nicht mehr aushalten! Ein Betreuer des Heimes hilft weiter, schreibt mir auf einen Zettel: Albergue de peregrino, poligrono industrial, "el Parob".

Schleppe mich wieder hoch ins Zentrum, wobei ich zufällig an der Touristeninformation vorbeikomme. Frage nach der Herberge, zeige den Zettel. "Das ist doch viel zu weit", berät mich die freundlichste aller i-Mitarbeiter(innen), die mir je begegnet ist. Wir einigen uns aufs Englische. Erfahre sodann: Im Hostal Senero in der Holguin Nr.12 'steigen' die meisten Pilger ab. Das Zimmer kostet 15,50 Euro. Ein Kreuz auf dem Stadtplan, den sie mir überreicht, verhindert unnötiges Suchen. Sie zeigt mir in einem Ordner den weiteren Verlauf des Pilgerweges bis Cáceres und versorgt mich mit Lesestoff über Mérida für heute Abend, denn die Kraft für Besichtigungen kann ich nicht mehr aufbringen, leider. So ist das nun mal, man kann nicht alles haben. Zum Schluss fragt sie nach meinen Erfahrungen allein als Frau auf Pilgerschaft, ob ich keine Angst habe? Um nicht unehrlich zu sein, gebe ich zu, auch mal Angst zu haben - obwohl große Hunde, Truckfahrer mit unschönen Interessen und Satansanbeter mir doch auch zu Hause beim Brötchenholen über den Weg laufen können, oder?

Das Hostal Senero gefällt mir ausgesprochen gut. Sein Gästebuch legt Zeugnis ab von ähnlichen Beurteilungen anderer zufriedener Pilger. Der Hausherr lacht nur, als ich ihm von dem Erdhaufen berichte, den ich nach Reinigung meiner Hosenbeine und Wanderstiefel oben im Zimmer leider hinterlassen muss. Beschließe den aufregenden Tag mit einem beruhigenden Spaziergang am Fluss, wobei die gekonnt beleuchtete Lusitania-Brücke und Römerbrücke mir höchste optische Genüsse verschaffen.

Äußerst konzentriert verfolge ich die Abkürzung, die mir der Senero-Chef in den Stadtplan malte. Aber die vielen Kreisverkehre verwirren mich total. Am Ende stecke ich den Plan weg und folge nur noch den Straßenschildern nach Proserpina, dem römischen Stausee, an dem sich die Via de la Plata entlang ziehen soll.

Nebel steigt auf. Als ich nach einer guten Stunde vom ersten gesichteten Pfeil gerechnet am Stausee, der als römisches Wasserreservoir für die Versorgung Méridas diente, ankomme, hat der Nebel so zugenommen, dass ich nur die mehrere hundert Meter lange Staumauer sehen kann aber kein Wasser. Gegenüber, neben dem Campingplatz, wirbt ein Restaurant für sein Tagesmenü. Ausnahmsweise darf ich nur die heiße Suppe haben, die mich gut aufwärmt.

Die schmale Teerstraße wendet sich vom Stausee ab. Unversehens findet man sich in einer knorrigen, felsigen Landschaft wieder. Die Sonne kommt durch, gibt dem Ganzen einen noch trockeneren Anstrich. Mag sein, durch römische

Bauwerke bedingt (Mérida hat in Spanien die meisten davon), kommt es mir so vor, als trüge dieser Landschaftsstrich italienische Züge. Nun, vielleicht hat Kaiser Augustus 25v.Chr. nicht zufällig hier eine Veteranenkolonie (Emerita Augusta) gegründet, die sich alsbald zum politischen und kulturellen Zentrum der römisch besetzten Halbinsel entwickelte.

Verlasse den gelben Pfeilen folgend die Straße und biege in einsamere Gefilde ein. Kann ich mich hier wirklich auf die Markierungen verlassen? Suche mich von Pfeil zu Pfeil voran. Mal finde ich sie auf Baumstämmen erst sichtbar, wenn ich direkt vor ihnen stehe, mal auf Felssteinen, die von anderen verdeckt werden. Mit Sucherblick durchstreife ich diese traumhafte Bilderbuchlandschaft. Was ist das? Ein Stein, der wie von Künstlerhand modelliert, die Körperform eines Schafes wiedergibt. Trete näher. Oh mein Gott, es ist ein sterbendes Schaf, das erhobenen Hauptes in typischer Haltung daliegt. Wie von einer Wolldecke wird das Tier von seinem viel zu großem Fell umhüllt. Durch ein Loch in der Bauchseite, vielleicht ein Hundebiss, sehe ich den zusammengefallenen Körper. Die Augen sind trüb, reagieren nicht. Und trotzdem strahlt dieses Wesen eine Würde aus, die kaum in Worte zu fassen ist. Beim Weitergehen kommen mir Fragen, die um den Tod kreisen, ist er mir doch gerade eben in seiner schönsten Form begegnet.

Eine Ortschaft nähert sich. Die Kirchentür steht offen. Im einfallenden Lichtkegel nehme ich zwei Frauen wahr, sie unterhalten sich. Der Kirchenboden ist noch feucht vom Wischen. Zögere einzutreten. Sie geben mir zu verstehen, es doch zu tun. Wir kommen ins Gespräch, wenn man das so nennen darf. Schäme mich zum hundersten Mal, mich nicht intensiver mit der spanischen Sprache auseinander gesetzt zu haben. Die Beiden können nicht glauben, dass ich allein unterwegs bin. Ich glaube, dass sie es nicht glauben, denn darin drücken sich Kulturunterschiede aus, die es im geeinten Europa durchaus noch gibt. Ein Mann lässt seine Frau doch nicht allein durch Spanien pilgern, meinen sie. Es gibt keinen Mann, der mir das verbieten könnte, lautet meine Antwort darauf. Die Beiden lachen. Aber am meisten belustigt sie meine Hose, die ich mir zum Trocknen wie einen Kragen um den Hals gelegt habe. Ich muss wie ein Exot auf sie wirken.

Gleich außerhalb von Carrascalejo teilt sich der Weg. Der rechte Zweig wird ausgebaut. Wenn dort Markierungen vorhanden waren, sind die nun bestimmt verschwunden. Wähle den linken. Ein Bauarbeiter steigt von seiner Raupe herab und kommt mir entgegen. Er zeigt auf die Alternative. Richtig nett finde ich das von ihm. Mit dem Geschenk der Freundlichkeit geht es sich viel leichter den Weinberg hinauf. In der Ferne ist das tiefer gelegene Aljucén zu erkennen. Muss mich nur laufen lassen. Von der netten Touristenberaterin in Mérida weiß ich, in Aljucén gibt es eine hübsche Pilgerherberge, die von zwei reizenden Damen geführt wird. An der Herbergstür hängt eine Info, die dem ankommenden Pilger in mehreren Sprachen Auskunft gibt, wo der Schlüssel abzuholen ist. Es ist gerade erst spanische Sperrstunde, also noch früher Nachmittag, ich möchte lieber weiter. In der hübschen blauweißen Bar in der Ortsmitte sammele ich bei einem kühlen Bier Kräfte. Die anderen Gäste sind alles Männer. Was uns eint, sind unsere schmutzigen Stiefel und die Erdhaufen, die wir auf den modischen Fliesen hinterlassen.

Kurz vorm Verlassen des Ortes richtet sich meine Aufmerksamkeit auf eine Aktivität in der sonst menschenleeren Straße: Ein junger Mann bedient einen Betonmischer. Das fertige Produkt schickt er per Eimer und Flaschenzug zu seiner Frau, die im Blaumann aus dem wandlosen Obergeschoss des renovierungsbedürftigen Hauses herausschaut. Was mich an der Szene aufmerken lässt, ist der Blaumann, d.h. dass eine Spanierin einen trägt und Hand anlegt am privaten Bau. Finde ich richtig toll. Starre Rollenverständnisse scheinen demnach auch in Spanien zu bröckeln. In der Kirche von Carrascalejo hatte ich noch den gegenteiligen Eindruck.

Die junge Frau erwidert meinen Gruß und fragt mich dann etwas, das ich so schnell nicht übersetzen kann, aber um nicht unhöflich zu wirken mit sí, sí beantworte. Beim Weitergehen wird mir klar, was sie mich fragte: Bist du eben gerade gestartet? Warum fragt sie das?

Komme an die dröhnende, stark befahrene Nationalstraße, die laut gelben Pfeilen auch noch in einer Kurve zu überqueren ist. Gehe mit äußerster Vorsicht vor. Spaniens Straßen bzw. Autofahrer lehrten mich, die Verantwortung für mein Leben gefälligst selbst in die Hand zu nehmen.

Ein Wasserlauf begleitet den pfützenreichen Sandweg. Die Anwesenheit des feuchten Elementes lässt alles viel frischer erscheinen. Für Stunden wandere ich durch ein extremadurisches Naturparadies, in dem sich alle schon gesehenen

Landschaftsmerkmale aufs Neue vermischen. Gewachsene Landschaft, wie oft auch immer erlebt, wird niemals langweilig. Was ich allerdings vermisse, ist durchblutetes Leben. Treffe reinweg niemanden, nicht einmal in rollendem Blech versteckt. Würde man hier ernsthaft mit seiner Gesundheit Probleme kriegen - darüber denke ich lieber nicht weiter nach. Auf die Markierungen des Pilgerweges ist jedenfalls Verlass, sie sind reichlicher als sonst.

Wegweiser bei Aljucén

Laut meiner Touristenkarte teilt Aljucén die Strecke zwischen Mérida und Alcuéscar, das ich ansteuere, in zwei Hälften. Das hat den Ausschlag gegeben nach der Pause in der Bar noch mal durchzustarten.

Nach dreieinhalb Gehstunden sehe ich ein mich getäuscht zu haben. Leichtes Unwohlsein steigt auf. Mir fällt die Frage der jungen Frau ein. Die wusste, was hier auf mich zukommt und wollte sicherstellen, dass ich frisch am Tag mit noch unverbrauchten Kräften starte. Sie ist mir doppelt sympathisch, einmal wegen des Blaumanns und zum anderen, weil ihr ihre Mitmenschen nicht einerlei sind. Aber wenn man sich um mich sorgen muss, verbessert das mein Befinden nicht gerade.

Endlich menschliche Lebenszeichen. Zwei Jugendliche kommen mir auf einem Moped entgegen. Bald darauf geht es eine Furt hinunter, wo sich Hühner tummeln. Ich fühle mich wie ausgewechselt. Bin kein Rudeltyp, das weiß ich schon länger, nur allein im Paradies ohne Mensch und Tier, habe ich gerade erfahren, liegt mir auch nicht.

Der Weg steigt an, trennt private Obstwiesen und Gemüsegärten. Hier und da arbeiten Leute, die ein freundliches "Hola" erwidern. Oben angekommen kann man von Alcuéscar immer noch nichts sehen. Es geht noch um einen rundlichen

Berg herum, auf dem vereinzelt Wohnhäuser stehen. Endlich erscheint das vermeintliche Ziel: Von vielen grünen Baumkronen umlegt ragen graubraune Kirchtürme und weiße Häuser mit roten Dächern von der untergehenden Sonne bestrahlt gen Himmel. Mindestens zwei, drei Kilometer entfernt, hoch oben. Ich bin körperlich am Ende, würde sonst was dafür geben, um da nicht mehr hinauf zu müssen. Wie herbeigesehnt weist der nächste gelbe Pfeil hinunter statt hinauf. Komme an einer Landstraße heraus. Die großen, graubraunen Gebäude vor mir könnten zu einem Kloster gehören. Da fällt mir ein, gestern im Touristenbüro von einem Refugio in einem Kloster gelesen zu haben.

Als ich den Hof betrete, begrüßen mich zwei Männer, deren Gesichter vom Leben gezeichnet sind. Von Not und Armut. Sie zeigen auf die Eingangstür. Drinnen finde ich mich in einem Gang wieder, der sich um einen kleinen Innenhof mit Oberlicht erstreckt. Das erfrischende Grün der Pflanzen darin sticht förmlich ins Auge.

Auf mein Klopfen werde ich ins Büro gerufen. Ein hochbetagter Pater in bodenlanger schwarzer Mönchstracht möchte meinen Pilgerpass sehen. Er stempelt ihn. "Enclavos de Maria y de los Pobres, Formatión christiana" lässt sich darin lesen.

Ich soll auf der Bank im Gang warten. Mir ist schlecht, aber das kenne ich schon, wenn ich nach großer Anstrengung zur Ruhe komme. Es kann aber auch am Hunger liegen, den ich schon seit Stunden spüre. Aus der Klosterkirche erklingt Gesang, wunderschöner Gesang. Er rührt mich fast zu Tränen. Ein junger, sehr gut aussehender Pater führt mich hinauf in die Pilgerunterkunft. Er zeigt mir die Zimmer und sanitären Einrichtungen, verabschiedet sich mit der Information, dass es um neun Abendessen gibt im Esssaal im Keller. Natürlich bin ich unendlich dankbar für die Einladung, aber wie ich mich bis dahin wach - und meinen Hunger aushalte, weiß ich nicht.

In einer Ecke des Duschraumes steht ein befeuerter Heißwasserkessel. Dass lässt auf eine warme Dusche hoffen. Teste sie alle durch - Fehlanzeige! Im Nebenraum gibt es eine Badewanne. Es kommt tatsächlich heißes Wasser aus dem Hahn. Der Abend ist gerettet. Völlig entspannt im warmen Wasser liegend, verabschiedet sich sogar das Hungergefühl.

Auf dem Tisch im Flur liegt ein Gästebuch für Pilger. Es wird seit September 1997 geführt. Mit fortlaufender Nummer trägt man sich ein. Ich bin der 1918te Pilger seit Registrierung, das macht ungefähr 320 pro Jahr. Kein Wunder, dass ich hier die freie Zimmerwahl habe.

An alten spanischen Werkzeugen und Haushaltsgegenständen vorbei, die museal arrangiert im Kellerabgang erfreuen, führt mich der junge Pater in den Gästeessraum. Der ist mit neuzeitlichen Kiefernmöbeln eingerichtet. Das Abendessen verschlägt mir die Sprache: eine Terrine mit Suppe, ein Körbchen mit selbstgebackenem Brot, Würstchen in Tomatensauce, gedünstete Bohnen, Reis, Salami, eine Karaffe Wein und eine Schale voller schönster Früchte. Das einzige, was mir fehlt, ist Gesellschaft. Die Klosterbrüder essen im Saal gegenüber.

Spät am morgen finde ich mich voll angekleidet mit geschlossener Kapuze auf meinem Bett wieder. Nur schwach kann ich mich an meinen vollen Bauch und das Gefühl schlecht auf den Beinen stehen zu können erinnern. Der junge Wein war die Süffigkeit selbst. Die umhauende Wirkung kam völlig überraschend.

Der junge Pater bekommt beim Verabschieden den Zettel zurück, den ich ausfüllen sollte. Unter "Anmerkung" schildere ich mein Ess- bzw. Trinkerlebnis. Sein volles, klares Lachen schallt durch das alte Gemäuer, umhüllt mich wie eine kuschelige Wolldecke.

Draußen weht ein kühler Wind. Dem setze ich doch einfach die menschliche Wärme entgegen, die ich in dem heiligen Haus empfing.

Heute treffe ich schon nach weniger als zwei Gehstunden auf eine Ortschaft. Ein ganzer Trupp von Menschen steht auf und unter der anmutigen, alten Brücke am Ortsanfang, die ich passieren muss. Offensichtlich handelt es sich hier um historisches Kulturgut. Man beratschlagt wohl, wie man das der Nachwelt erhalten kann, hat auch schon kräftig Hand angelegt. Beim Weitergehen schnappe ich das Wort Peregrina auf. Schönes Gefühl, für einen Moment aus der völligen Anonymität herauszutreten. Eine Hand wäscht die andere, bin ich ihnen doch der lebendige Beweis für die Notwendigkeit und Sinnhaftigkeit ihrer Arbeit.

Entlang der N-630 geht es weiter. Noch eine alte Römerbrücke wartet darauf zu alter Pracht verholfen zu werden. Den wertgeschätzten Wegweisern folgend wechsele ich auf die andere Seite der Nationalstraße und finde mich zwischen Raupen und anderem Straßenbaugerät auf einer um und um gewühlten Fläche wieder. Das kann sich doch nur um einen Autobahnbau handeln. Diese Autobahn hat mir schon reichlich Kopfzerbrechen bereitet. Da wo sie mir begegnet, begleitet sie die N-630 und wo nicht, scheint sie in diese übergegangen zu sein. Eigenwilliger Verlauf einer Autobahn.

Die Bauarbeiter lachen über mein Eingemummtsein. Egal, der Wind fegt über diese weite Ebene weg wie nichts, da muss man sich schützen.

Passiere einen alten römischen Meilenstein und gleich darauf eine archäologische Ausgrabungsstätte. So viele Zeitzeugen des historischen Pilgerweges, da könnte man ja fast auf die gelben Pfeile verzichten. Eine Schafherde kommt mir entgegen. Ein besseres Bild aus alten Zeiten kann es nicht geben.

Für müde Pilger zeigt ein Holzschild mit Aufschrift "Albergue" nach rechts in ein Dorf. Ich gehe geradeaus weiter. Eine Rollbahn kommt in Sicht aber leider keine Markierung. Folge dem Weg links an ihr vorbei, bis mir Zweifel kommen. Der Bauch rät, halte lieber die Richtung ein. Und richtig, gleich nach Überquerung des Rollfeldes, das laut Schriftzug am Hangar zum Aeroclub von Cáceres gehört, der nächste gelbe Pfeil. Wenig später eine weitere Ausgrabungsstätte, diesmal belebt. Hoch interessiert aber aufgrund mangelnder Sprachkenntnisse des Mutes beraubt nach Einzelheiten zu fragen, ziehe ich weiter.

Dann breitet sich vor mir eine gewaltig große Hochebene aus. Ungefähr eine Gehstunde entfernt ein strahlend weißer Ort, an dem entlang sich die N-630 einen Berg hinaufarbeitet und oben irgendwo zwischen Bergkuppen verschwindet. Da hoch? Wo anders sollte Cáceres liegen, wenn nicht dahinter versteckt. Aber erst mal geht's bergab bis zu einem kleinen Fluss, dessen unberührter, frischgrüner Uferbewuchs zum Verweilen einlädt. Von hier lässt sich die ca. 200 m lange bereits restaurierte Brücke besonders gut betrachten. Prioritäten in punkto Brückenrestauration entlang der Via de la Plata scheinen von Größe abzuhängen: Die größte ist bereits instandgesetzt, die kleine ist im Begriff und die kleinste kommt hoffentlich auch noch zu ihrem Recht.

In Valdesalor will ich eine Pause einlegen. Suche eine Bar. Mittlerweile habe ich für spanische Geflogenheiten und Vorlieben eine Art 'Entschlüsselungsbefähigung' entwickelt, so dass ich in dem in einer Gasse abgestellten Auto mit Hundeanhänger ein Indiz für das Vorhandensein einer Bar erkenne. Beim Näherkommen strecken sich zwölf spindeldürre Jagdhundköpfe übereinander durch die Gitterstäbe des Anhängers. Ein zu komischer Anblick.

Trotz erfrischender Pause macht es mir große Mühe zum Pass hinaufzulaufen. Dann endlich ist Cáceres zu sehen, wenn auch noch mehrere Kilometer über hügeliges Brachland und an Äckern vorbei überwunden werden müssen, bis mich im Gewerbegebiet die gelben Pfeile verlassen. In der Ronda de San Francisco in Höhe des Museums für Kultur und Geschichte finde ich noch einen und das war es dann. Lasse mich durch die engen Gassen der Altstadt treiben. Man glaubt sich in ein lebendiges Museum, an manchen Stellen sogar ins Mittelalter versetzt. An der Plaza Mayor finde ich endlich ein Lebensmittelgeschäft. Sitze in der Abendsonne auf den Stufen der Plaza, den berühmten Torre del Bujaco(Uhrenturm), der ein Überrest der römischen Stadtmauer ist, im Rücken und esse und esse. Nachdem, was ich an Nahrung gebrauche, muss Pilgerei an Hochleistungssport grenzen.

Plaza Mayor

Der Verkäufer hat mir den Weg zur Albergue Municipal aufgeschrieben. Man geht noch einen Kilometer weiter eine enge Gasse hinunter, folgt der Avenida de San Blas und findet die moderne Herberge auf der rechten Seite in einem Park gelegen. Zahle 15,69 Euro, für Pilgerverhältnisse einiges, aber das gut beheizte, komfortable Haus ist es wert.

Die Angestellte in der Herberge hat die Abfahrzeiten der Busse nach Sevilla herausgefunden, will mich sogar mit dem Auto zum Busbahnhof bringen. Um aber noch wenigstens etwas von Cáceres zu sehen, dessen Altstadt mit seiner über einen Kilometer langen Stadtmauer vom Wohlstand im Zeitalter der Entdeckungen zeugt, ebenso von der Unesco geschützt zu den Schätzen der Menschheit zählt, bummele ich lieber zu Fuß in den Süden der Stadt.

Das Busticket kostet 14,16 Euro. Ich muss schmunzeln, versuche das in Verhältnis zu setzen zu den Strapazen meines Hierherbemühens. Das ist eben Pilgerschaft. Sie entzieht sich den vorgestanzten Stereotypen unseres Rentabilitätsdenkens.

Am Stadtausgang an der N-630 ein Schild: 264 km Cáceres - Sevilla. Das sagt so wenig wie der Fahrpreis des Busses. Ich fülle die Strecke mit ganz eigenen Kostbarkeiten - Erfahrungen, die mir fürs Leben bleiben.

Ein Pilger kämpft sich mit wehendem Regencape von Valdesalor den Pass hinauf. Bin diesem unbekannten Menschen in Gedanken ganz nah.

Die Römerbrücke über den Rio Salor, die Kirche von Carrascalejo, Mérida, die Herberge hoch oben auf dem Bergkamm in Los Santos, Fuente de Cantos, das an seinem anderen Ende sehr wohl über weitere Unterkünfte verfügt - all diese markanten Orte, in den letzten zehn Tagen hart umkämpft - kommen mir von hier aus dem bequemen Bus heraus vor, als sähe ich sie in einer Dia-Show. Und mit der Autobahn verhält es sich wie ich vermutete, mal befahren wir sie, dann wieder die N-630. Wahrscheinlich wird sie eines Tages durchgehend gebaut sein. Sie wie auch die Nationalstraße folgen dem Verlauf der alten Via de la Plata.

Knappe vier Stunden dauert das Abfahren meiner Schweißstrecke. Zu meiner großen Freude kann ich wieder in der Pension Arcum unterkommen. Der morgige Tag soll ganz der Kathedrale gehören, die ich bei meiner Ankunft so sträflich vernachlässigt habe.

Vor der Kapelle de Santiago, die zweite links von dem Ausgang in den Orangenhof, erzählt der Fremdenführer so nebenbei, dass draußen vor der Puerta de San Miguel eine Tafel im Gehweg den Beginn des alten römischen Pilgerweges nach Santiago de Compostela markiert. Meine Freude ist unbeschreiblich. Über die Brücke Isabell II gehe ich in den Stadtteil Tiana hinüber, folge gleich rechts den Straßen entlang des Guadalquivir und staune nur noch, als ich am Kreisverkehr die gelben Pfeile an den Bordsteinen sichte, die ich bei meinem Start übersah. Eine große Lektion, die mir dieser Pilgerweg verpasst: Halte die Augen besser auf!

Die markierte Via de la Plata führt über einen Parkplatz und eine stillgelegte Brücke über den zweiten Arm des Guadalquivir Richtung Norden weiter. Die Müllhalde hätte es wirklich nicht sein müssen.

Der Regionales Renfe bringt mich zurück nach Jerez und der Flieger zurück nach Hamburg. Nächstes Jahr im Frühling soll es in Cáceres weitergehen. Mit Ziel Santiago de Compostela.

2. Etappe

Schon im Bus von Madrid zum Fortsetzungspunkt der Via de la Plata stimmen die vielen bunten Boten auf den Frühling ein. In Cáceres hat der Lenz das Regiment schon ganz und gar übernommen. Die Störche klappern es von allen Dächern bzw. Kirchtürmen. Diese herrliche Stimmung lasse ich mir nicht mal von dem Macho-Busfahrer kaputtmachen, der an der Plaza de Torres, wo sich der Pilgerweg fortsetzt, an einer roten Ampel hält und mich nicht aussteigen lassen will.

Also vom Endbahnhof Cáceres alles wieder zurück zur Plaza de Torres. Mir läuft die Zeit weg. Will noch vor Einbruch der Dunkelheit in Casar de Cáceres ankommen und das sind immerhin elf km, volle zwei Stunden zu gehen. An der Arena links vorbei kommt man zu einer Landstraße, der man mehr oder weniger nur zu folgen braucht.

Diesmal ist alles anders als bei meinem Start in Sevilla. Der heißersehnte Führer des Conrad Stein Verlages ist seit Jahresbeginn auf dem Markt und nun natürlich in meinen Händen. Kein Wand-an-Wand-Liegen mit einsamen alten Männern mehr, die ihrer liebsten Veronica nachrufen, denn jetzt weiß ich vorweg, wo es Pilgerunterkünfte gibt und wie ich sie vorfinde. Denke ich jedenfalls, wobei ich die Rechnung mit einer Unbekannten mache, nämlich der Kälte. Bin nur noch geschockt, als ich die eisigkalte Herberge in Casar betrete. Die einzige Wolldecke hat sich der spanische Pilger, der vor mir ankam, gekrallt. Vom Wirt des Restaurante Majuca, wo es den Schlüssel zur Herberge gibt, kommt der Rat mich mit einer Matratze zuzudecken, die er sogleich von einem der Etagenbetten hievt.

Die Nacht mit Sandwich-Komfort (oben und unten Matratzen) ist eine einzige Tortur. Einmal ausgekühlt schaffen es meine schwachen Wärmeregulationskräfte nicht, ohne äußere Hilfe den Körper auf eine Wohlfühltemperatur zu bringen. Das ist nichts Neues, darunter leide ich schon ein halbes Leben. Frauen haben angeblich eine dünnere Unterhautfettschicht, die nicht so gut gegen Wärmeverlust isoliert. Wie dem auch sei. Wenn ich mit allem gerechnet hätte, aber nicht damit, dass mich 1.000 km südlich von zu Hause der Winter wieder einholt. Unwillkürlich laufen mir die Tränen. Der körperliche Schmerz des Frierens und die Gewissheit, dass eine Besserung in dieser Nacht nicht absehbar ist, machen mich fix und fertig.

Um 7:00 verabschiedet sich der gut erholte Pilgerbruder. Ich warte noch, bis die Bar nebenan öffnet. Etwas Warmes im Bauch wird mir den Start in den kalten, windigen Tag erleichtern. Am Ortsausgang eine Schautafel mit Infos über die Römerstraße (Calzada Romana) unter meinen Füßen, dann jede Menge gelber Pfeile und zu meinem Erstaunen Granitwürfel mit Borkenkäferrelief, die nun ja ohne jeden Zweifel der neuen Garde der Pilgerwegsmarkierungen zuzuschreiben sind. Verlorengehen kann man in der endlosen Weidelandschaft hier oben jedenfalls nicht.

Der Wegesrand ist von Frühlingsboten übersät. Lupinen, Lavendel, Weidenröschen, Mauerpfeffer, sie alle stehen in voller Blüte. So auch der über Weiden und Natureinschlüsse versprengte gelbe und weiße Ginster. Sie vermitteln mir ein Gefühl von Wärme, geben die Kraft, die sie erblühen ließ, an mich weiter. Überhaupt versöhnt mich die grandiose Landschaft mit allem. Die Nacht ist vergessen.

Irgendwann ist dieser Landschaftstraum zu Ende, es geht hinunter auf die Nationalstraße. Diese führt am Tajo Stausee entlang und überbrückt die Flüsse Almonte und Tajo. Wo man hinschaut nur Wasser. Aber der Straßenlärm, die Gefahr, der man als Fußgänger ausgesetzt ist und der fürchterliche Wind machen es unmöglich, diese außergewöhnliche Wasserlandschaft zu genießen. Die Autos sausen wie Geschosse an mir vorbei. Viele überfahren in den Kurven die Fahrbahnmarkierung, so dass zwischen ihr und der Leitplanke kaum Platz übrigbleibt, wo man sich bewegen kann. Reinste Strapazen und das über eine Länge von fünf Kilometer.

Und wieder ist es die Landschaft, die diese gleich darauf vergessen lässt. Auf den Weiden ganze Teppiche blühender Kamille. Selbst die Wege sind von dieser wenige Zentimeter messenden Spezies bewachsen. Ein weißer Blütentraum und gleichzeitig eine einzige Apotheke. Das muss sich doch auch auf die Milchqualität auswirken.

Kurz vor Cañaveral auf der kleinen Römerbrücke San Benito (14.Jh.) lass ich mich nieder und bestaune das Wunder des Von-Einem-Tag-Zum-Anderen-Frühlings.

Störche auf einem Kirchturm

Auf der Kirche von Cañaveral klappert es wie verrückt. Da kann man als Besucher nur sich wundernd und bewundernd stehen bleiben. Wie viele Storchennester es sind, lässt sich mangels Übersicht kaum sagen, aber dass die spanischen Kirchenväter ein besonderes Toleranzverhalten diesen Großvögeln und ihren Ausscheidungsprodukten gegenüber hegen, ist unbestritten.

Eine Spanierin meines Alters spricht mich an. Ob ich allein unterwegs bin und keine Angst habe, möchte sie wissen. Wovor denn Angst? Na ja, vor den Männern, sagt sie. Dann fährt sie mit ihrer Hand über meinen Arm, als wolle sie sagen: Wir beide wissen schon, wovon wir reden, sei auf der Hut.

In der Bar am Kirchplatz befreie ich mich von Kapuze und Anorak. Dem scheußlichen Wind mal für kurze Zeit zu entkommen, ist eine Wohltat. Eine Pilgerunterkunft gibt es in Canaveral nicht, lässt mich eine freundliche junge Frau bei einer Tasse Café con leche wissen, aber bis Grimaldo, wo es eine gibt, sind es nur acht km. Bei dem Wort 'nur' melden sich die 34, die ich schon hinter mir habe bzw. die Schmerzen in den Beinen, die selbige verursachen.

Dennoch breche ich mit Ziel Grimaldo wieder auf. Beim Laufen ist mir warm und damit geht es mir besser, als in einem ungeheizten Hostalzimmer zu frieren.

Wie zur Belohnung zeigt sich am späten Nachmittag noch die Sonne, ihre herrlich warmen Strahlen wärmen mir den Rücken. Zufrieden mit mir und dem Leben, ein Lied auf den Lippen, marschiere ich auf einer schmalen Teerstraße durch einen Steineichenhain. Die Stille wird von einem weißen Lieferwagen unterbrochen, der langsam an mir vorbei rollt und ohne ersichtlichen Grund einige Meter weiter anhält. Der Fahrer steigt aus und geht um das Fahrzeug herum, als suche er nach Schäden im Lack. Der blufft, sagt die Intuition und rät, sich so schnell wie möglich davonzumachen. Das Auto kommt mir langsam nach. Ohne nach dem weiteren Pilgerwegsverlauf zu suchen, biege ich rechts in eine größere Straße ein, denn 200 bis 300 m weiter sehe ich eine Straßenbaustelle. Was ich jetzt am dringendsten brauche, sind Menschen. Nur ihre Gegenwart kann meiner Lage die Gefährlichkeit nehmen.

Ein Bauarbeiter in grüner Sicherheitsweste zeigt unbefragt mit einem Stock auf ein Weidetorgatter, das versteckt hinter einem Gebäude liegt. Aha, denke ich, an dieser Stelle haben wohl viele Pilger, wir sind ja alle durch unsere gepäckverstärkte Erscheinung schon von weitem auszumachen, Schwierigkeiten dem Weg zu folgen. Er hält mir das Tor auf. Ich schreite durch, bedanke mich und versichere, nun allein zurechtzukommen. Er aber lässt nicht locker und folgt mir. Der wird schon umdrehen, sage ich mir, der muss ja zu seiner Arbeit zurückkehren.

Mein Bauch ruft zur Vorsicht bzw. Rücksicht und als ich mich nach einigen hundert Metern zurückgelegten Weges umdrehe, schlägt dieser Mann mir folgend mit seinem Stock rechts und links des Weges Gräser ab, als sei sein Verhalten das normalste von der Welt. Von Panik ergriffen, arbeite ich mich durch das stachelige Unterholz zur Trasse der neuen N-630. Werfe mein Gepäck über den Stacheldrahtzaun und überwinde ihn mit letzter Kraft. Von der deutlich höher gelegenen neuen Straße aus schaue ich in das Gelände zum Originalweg hinunter. Die grüne Weste schimmert immer auf gleicher Höhe mit mir durch die Blätter.

Durch diese Flucht verpasse ich den Abzweig vom Pilgerweg zur Unterkunft in Grimaldo und werde morgen früh Mühe haben den Anschluss zu finden. Eine Stinkwut auf all die Kerle, die mir das Leben schwer machen, macht sich breit.

Dank des Wanderführers ist die Herberge schnell gefunden. Das Betreiberpaar der Bar Grimaldo gleich nebenan sorgt rührend für mich. Es gibt heißes Wasser zum Duschen, Berge von Wolldecken und einen Heizkörper auf Rädern. Trotzdem komme ich nicht zur Ruhe. Da steckt mir eine Sorge in den Knochen, die, wie sich heute zeigte, alles andere als unbegründet ist. Ich wandere allein und schutzlos durch einsamste Gegenden, wo jeder, der mir Böses will, freien Zugriff auf mich hat.

Kalter Wind bläst mir um die Ohren. Der Himmel verhangen mit dunklen Wolken. Bei dem Wetter hätte ich zuhause keinen Schritt vor die Tür getan. Gehe auf der Suche nach dem Anschluss an den Pilgerweg vorsichtshalber die Straße, auf der ich gestern kam, zurück. Ein verschlossenes Weidetor versperrt mir den Zutritt in das Gelände, in dem der Pilgerweg verläuft. Es bedarf großer Kraft, es zu überwinden.

Oh nein, was ist das denn? Nach dem ersten Schreck fällt mir eine Anmerkung aus dem Wanderführer ein: Schrecken Sie nicht vor schwarzen Kühen zurück, es handelt sich bei ihnen nicht um wilde Stiere! Trotzdem schlägt mir angesichts der forkenartig behornten Horde die Angst bis zum Halse. Ein Exemplar unter ihnen sticht durch äußerst voluminöse Körperfülle heraus. Der Blick bauchunterwärts lässt mich erstarren. Mit langsamen Schritten nähere ich mich dem nächsten Baum. Doch die Herde nimmt gar keine Notiz von mir, zieht einschließlich ihrer männlichen Begleitung ruhig ihres Weges.

Und wieder ist es die Schönheit der Landschaft, die erlebte Schrecken vergessen macht. Obwohl beweidet und in Kultur genommen, glaubt man sich in ursprünglicher Natur zu bewegen. Selbst auf dem Stück originaler Römerstraße mit ihren gewaltigen Bordsteinquadern. Aus ihren Fugen sprießen wilde, in Knospen stehende Zwiebelgewächse. Nicht nur ihretwegen bin ich einen Monat zu früh. Mir macht die Kälte zu schaffen. Kann kaum die Weidetore mit meinen klammen Fingern hinter mir schließen.

Zwischen Grimaldo und Galisteo

Langsam arbeitet man sich in höhere Gefilde hinauf. Was heißt langsam - es sind Stunden vergangen. Stunden, in denen mir keine Menschenseele begegnet ist. Was, wenn man auf diesem schroffen unwegsamen Untergrund seinen Fuß falsch setzt, eine ernste Verletzung davonträgt? Und was ist überhaupt mit wilden Tieren? Verbiete mir das Weiterdenken, denn ich möchte mir den einzigartigen Genuss hier oben für sich allein umherzuwandern und dabei die grandiosesten Ausblicke zu haben, nicht kaputt machen. Der römische Stausee von Ríolobos kommt in Sicht. Aus schwindelnder Höhe schaue ich auf das tiefe Blau und den darauf glitzernden Sternen herab. Einfach göttlich!

Nach dem Abstieg versperrt mir ein Gebirgsbach mit beachtlichen Wassermassen den Weg. Als ich in Gedanken ob eines Trittplanes, an zwei Stellen ragen Steine in Schrittabstand aus dem Wasser, in Ruhe verweile, taucht in dieser Einöde auf einmal der spanische Pilger auf, der in Casar die einzige Wolldecke ergatterte. Voller Freude einer menschlichen Seele zu begegnen, begrüße ich ihn herzlich. Aber der zeigt mir ein zorniges Gesicht, fragt mich verärgert, wo ich herkomme. Aus Schreck bringe ich nur Grimaldo heraus, woraufhin er mir in einer Mischung aus Stolz und Vorwurf mitteilt, aus Cañaveral zu kommen. Dann springt er in Sekundenschnelle über den Bach und rennt ohne mich eines weiteren Blickes zu würdigen davon. Ich Weib hab es gewagt, gestern acht km weiter gekommen zu sein als dieser Macho und bin darum vor ihm an diesem Bach angekommen. So lächerlich die Situation auch ist, sie stimmt mich traurig.

Erneut ein anstrengender Aufstieg. Mein Blick streift über das weite Weideland. Ein fast rundes Wasserloch von beachtlichem Durchmesser fällt aus der optischen Einheitlichkeit dieser raubeinigen Gegend heraus. Hahnenfußblüten wachsen vom Rand zur Mitte, erzeugen einen weißen Ring, der sich um die tiefblaue Wasseroberfläche legt. Gottes Auge - kommt mir unwillkürlich in den Sinn und sogleich werde ich von einem unbeschreiblich schönen Gefühl der Geborgenheit durchflutet. Diese Momente müssen es sein, für die sich Pilger unter Schmerzen, Entbehrung und Gefahr Hunderte von Kilometern durch fremde Länder quälen.

In Galisteo lege ich mich mit Blick auf die mittelalterliche Stadtmauer, die im übrigen vollständig erhalten ist, in die wärmende Mittagssonne. Die zehn km bis Carcaboso, wo es laut Wanderführer eine private Pilgerunterkunft gibt, die auf Beheizbarkeit hoffen lässt, werde ich motiviert durch Vorfreude auf eine geruhsame Nacht noch meistern.

Hinter der hübschen Römerbrücke, die den Fluss Jerte überspannt, also im nördlichen Umland von Galisteo, fallen einem sofort die endlos großen Ackerflächen auf. Und die merkwürdigen Gebäude verstreut darin. Steinerne Scheunen mit Lochmuster. Ähnliche sah ich in Simbabwe in Afrika. Dort wurde Tabak darin getrocknet. Aber Tabak in Spanien produziert?

Schaue mir eine Scheune, die schon halb in sich zusammengefallen ist, von innen an. Bis unters Dach sind Streben und Drähte gezogen. Dort können nur Tabakbunde zum Zwecke des Trocknens hochgestakt worden sein. Ein älterer Herr bestätigt meine Vermutung. Reisen bildet, heißt es. Aber ehrlich gesagt, es beschämt mich, wie lückenhaft meine Kenntnisse über meine europäischen Nachbarn sind.

Francesco zückt schon die Schlüssel, als er mich kommen sieht. Hier in der Bar Ruta de la Plata bzw. in der komplett eingerichteten Wohnung oben neben ihr, steigen wohl alle Pilger ab. In meinem Zimmer fehlt es an nichts. Nach ausgiebiger Reinigung und Pflege, auf die Pilger, wenn auch in größeren Abständen, nicht verzichten müssen, setze ich mich an den Bartresen und nerve Francesco mit meinen Essenswünschen, die quälenden Hungergefühlen entspringen. Über Stunden vertröstet er mich - die Küche ist noch nicht besetzt, das alte Lied - schiebt mir aber den einen oder anderen kleinen Bissen zu. Nutze die Gelegenheit, das Leben im ländlichen Carcaboso zu studieren. Die ausnahmslos männliche Gesellschaft kauft Lose, gibt Lottoscheine ab, holt und bringt Videos, trinkt Wein, Bier und Härteres und vermüllt die Bar dabei aufs Unvorstellbare.

Irgendwann spüre ich eine Hand auf meiner Schulter. Es ist Elena. Francesco hatte mir einen Zeitungsartikel über seine Mutter gezeigt. Sie wurde für ihr soziales Engagement und ihren besonderen Einsatz für die Pilger geehrt. Zurecht, bekundet mein befriedigter Hunger, nachdem Omelette, Tomaten, Käse und Oliven verzehrt sind. Dazu gab es köstlichsten Landwein. Abgefüllt und kugelrund krieche ich in meinen Schlafsack unter die Wolldeckenburg. Diese Nacht kriegt mich die Kälte nicht klein.

Elena macht mir ein Frühstück von dem eine vierköpfige Familie satt werden könnte. Und wehe, ich stecke die hartgekochten Eier, die Biskuits und das Obst nicht ein - Proviant, den sie mir zugedacht hat. Zahle 17 Euro für die perfekte Rundumversorgung, der es an nichts fehlte. Elena bringt mich zur Tür und schaut zum Himmel, der nichts Gutes verheißt. Mit großer Mühe kann ich mir den Regenmantel ersparen, den sie mir mitgeben will. Als ich nicht in die richtige Straße zur Plaza Espana einbiege, von wo aus der Pilgerweg sich fortsetzt, vernehme ich laut protestierend ihre Stimme. A guiding angel, würden die Engländer sagen.

Obwohl es dunkel anmutet, mit Regen zu rechnen ist, der scheußliche Wind hat sich gelegt. Ich fühle mich wie von Zentnerlasten befreit. Am Ausgang des Ortes führt der Weg zwischen landwirtschaftlichen Stallungen hindurch. Auf beiden Seiten toben riesige Hunde herum, die mich schon von weitem mit ihrem aggressiven Gekläffe in Angst und Schrecken versetzen. Zu so früher Stunde werden dort noch keine Bauern anzutreffen sein, also Augen zu und durch. Wie ich diese verantwortungslose Hundehaltung in Spanien hasse!

Der nächste Schreck lässt nicht lange auf sich warten. Schließe ein Weidetor hinter mir und schaue das ansteigende Weidegelände hinauf, um den Verlauf des Pilgerweges auszuspähen. Was soll denn Bourbonwerbung hier, wo kein Mensch vorbeikommt, denke ich noch so, um dann aber mit Entsetzen festzustellen, dass es sich bei der behörnten Stiersilhouette diesmal nicht um Spirituosenwerbung sondern um pure Natur handelt! Mit dem zweiten Blick erst sehe ich die dazugehörige Kuhherde. Langsamen Schrittes bewege ich mich am Zaun entlang auf das Gatter am anderen Weidenende zu. Die angsteinflößende Silhouette bleibt unverändert. Das Tier hat mich im Visier. Auf einmal setzen sich einige der Kühe in Trapp, laufen offenbar vor mir davon. Und der schwarze Panikmacher folgt ihnen. Ein leises Danke entweicht meinen Lippen.

Und dann finde ich mich in einem Traum von Landschaft wieder. Durch saftiges Grün schlängelt sich der Pfad an alten Mauern entlang. Feuchtere Stellen sind von Teppichen weißer Hahnenfußblüten übersät. Steineichenhaine und felsige Anhäufungen tun kund, dass hier im Hochsommer mit der Gegenwart des feuchten Elements weniger zu rechnen ist. Ein zerfledderter, schwarzer Schirm hängt im stacheligen Strauchwerk. Ein Fremdkörper in diesem Idyll. Da hat bei dem heftigen Wind der letzten Tage wohl jemand die Nerven verloren.

Lange Aufenthalte in der Natur schärfen den Blick für Künstliches und so fällt mir wie zuvor der Schirm auch ein weißer Kastenwagen, der weit vor mir am Weg hält, sofort auf. Beim Näherkommen erkenne ich zwei große Hunde, die davor liegen. Das Gefühl von Gefahr veranlasst mich augenblicklich zu stoppen. Hinter den dicken schulterhohen Mauern neben mir könnten sich Ställe verbergen und jemand versorgt sein Vieh. Spähe hinüber. Nichts als pure Natur. Sollte ich rufen, was aber unter Umständen die Hunde anlocken würde?

Ich glaub es kaum, aber es kommt tatsächlich ein Auto angefahren. Wie das Leben mir in Situationen hilflosen Alleinseins immer wieder Engel an die Seite stellt, ist mir manchmal fast unheimlich. "Wer unter die Menschen geht, zu dem kommen die Engel nicht", soll Luther mal gesagt haben. Das passt.

Der Fahrer bezeichnet die Hunde als harmlos, fährt vor. Offensichtlich sind es seine Hunde, denn sie springen vor Freude an ihm hoch. Trotz seiner Gegenwart knurren sie mich bedrohlich an. An denen wäre ich allein nicht unversehrt vorbei gekommen.

Der Bauer fragt mich allen Ernstes, ob ich mit dem Auto weiterfahren möchte, er mich irgendwohin bringen soll. Hatte ich das nicht schon mal? Wieder nimmt man meine berechtigte Angst vor frei laufenden Hunden als Vorwand für Erschöpfung oder Laufunlust.

Nach vorne weisend erzählt er mir etwas von Cañadas Reales, vermutlich Sehenswürdigkeiten der Region. Wenig später finde ich mich zwischen zwei parallel gen Norden verlaufenden Mauern wieder, die einen festen Abstand von ca. 60 bis 70 m zueinander haben. Erinnere mich von diesen alten Viehdriften gelesen zu haben, auf denen sich der Weidewechsel der Schafe vollzog. Den Sommer verbrachten die Tiere auf den Weiden im Norden, den Winter im Süden. Kastilien verdankte seinen Wohlstand Ausgang des Mittelalters der Wollproduktion, was dazu führte, die Cañadas unter königlichen Schutz zu stellen: Cañadas Reales.

Da mag man kaum zutreten, wenn man sich die historische Bedeutung dieser Kulturstätte vor Augen führt. Weil querlaufende Furten in der alten Viehdrift nach dem vielen Regen unter Wasser stehen, muss ich über die Mauern klettern, was man sich bestimmt bei keinem anderen Bauwerk aus dem Mittelalter erlauben dürfte. Mit Schrecken kommen mir Bilder von Schulklassen und Touristenbusladungen, die hier einfallen, die Idylle stören und alles platt treten, in den Sinn. Ein Pilger pro Tag oder vielleicht auch mal zwei, mehr möchte man diesem einmaligen Relikt nicht wünschen.

Über fünf km kann man sich seines Weges sicher sein, die Mauern sind vollständig erhalten. Dann wird ihr Verlauf undeutlicher. Ein lang nicht mehr gehörtes aber altvertrautes Geräusch dringt an mein Ohr. Ein Rasenmäher! Auf größere Gegensätze kann man gar nicht stoßen. Denkt man, dabei haben die Nachkommen der auf den Cañadas getriebenen Vierbeiner doch den gleichen Job, jedenfalls bei uns im Norden auf den Deichen.

Der römische Bogen von Cáparra kommt in Sicht. Erschöpft lasse ich mich vor ihm im feuchten Gras nieder. Ich hätte eine Pause machen sollen, nicht die 18 km in einem Rutsch abreißen müssen. Meine Finger sind zu klamm, um Elenas Eierproviant abzupellen. Muss sie in den Hosentaschen aufwärmen. Rechts und links von mir Ausgrabungen von Gitterzäunen umgeben. Kleine Gruppen und ein paar Einzelpersonen schauen sich die Überreste der alten Römerstadt aus dem ersten Jahrhundert n.Chr. an.

Eine Frau kommt auf mich zu, beugt sich wohlwollend zu mir herunter und sagt: "Cierran en quince minutos.". Auf meinen fassungslosen Blick schlägt sie ihre beiden Hände mit den Innenkanten zusammen, wohl um mir das Schließen unmissverständlich klarzumachen. Verständnisprobleme hab ich wirklich, aber ganz anderer Art: Wo um alles in der Welt soll in 15 Minuten die Natur geschlossen werden, die ich einem fortlaufenden Weg folgend seit Tagen erwandere? Wie so oft, wenn Erschöpfung mich plagt, übermannen mich die Emotionen. Mein

Lachen ob dieser Komik hallt durch die Kulturstätte, die nunmehr menschenleer ist. Müde und kraftlos schaue ich mir nach Abschluss meiner Mahlzeit die freigelegten Raumaufteilungen der Ausgrabungsstätte an, werfe einen Blick hinter den Hügel, hinter dem sie alle verschwunden sind. Dort befindet sich ein modernes Gebäude. Laut Führer ein zu der Stätte gehörendes Ausstellungsgebäude. Ich bin also für eine Besucherin gehalten worden, für die eine Info über die Restöffnungszeit durchaus Sinn macht!

Pilgerschaft unterscheidet sich vom alltäglichen Leben nicht, heißt es ja immer. Es stimmt, auch sonst vermögen wir Menschen nur das zu sehen, was wir kennen. Die freundliche Frau hat mich in meiner Rolle, die ihr vielleicht unbekannt ist, gar nicht gesehen. Und so geht's den Hundehaltern, die ihre Hunde frei herumlaufen lassen, auch.

Immerzu schütteln mich Lachanfälle. Gut so, denn als es kilometerlang nur noch auf asphaltierten landwirtschaftlichen Wegen weitergeht, die Beine schmerzen und die Temperaturen sinken, ziehe ich meine Kraft aus meinem erheiterten Gemütszustand. Aber für das Durchwaten des eiskalten Flüsschens Ambroz reichts doch nicht. Krieche die Böschung zur N-630 hoch und nehme die Brücke. Weiter führt mich mein Wanderbuch, ohne das ich spätestens heute hoffnungslos verloren wäre, durch eine Wildblumenwiese, die ich in dieser Artenvielfalt und Farbenpracht kaum jemals zuvor so gesehen habe. Und wenn es nur ihres beglückenden Anblicks wegen wäre, die Strapazen der nicht enden wollenden Etappe heute hätten sich gelohnt. Was Natur mir bedeutet und wie intensiv sie auf mein Gemüt einzuwirken weiß, hab ich mir nie so bewusst gemacht.

Eine Hirtenherberge, die zwar hübsch restauriert aber leider nicht zum Nächtigen für jetztzeitliche Wanderer gedacht ist, tut kund, immer noch auf der historischen Viehdrift unterwegs zu sein. Zwei Reiter kommen mir entgegen. Was bin ich froh, als die mir mitteilen, nicht der Ort dort oben rechts in den Bergen sei mein Ziel, nein, Aldeanueva del Camino würde ebenerdig in weniger als vier Kilometern erreicht sein.

Ausgezehrt von der 38 km langen Tour und der Kälte erreiche ich die Pilgerherberge. Eine junge Familie aus Belgien entlädt gerade vor der Tür ihre beiden Esel, mit denen sie sozusagen gegen den Strich Richtung Sevilla unterwegs ist.

Sogleich erfahre ich von ihren vergeblichen Mühen, den Boiler zu dem zu bringen, wofür er eigentlich da ist. Wolldecken gibt es leider auch nicht. Die fürsorglichen Eltern haben warme Decken dabei, bauen sich und ihren Kindern ein Gemeinschaftslager, in dem einer den anderen wärmt. Ich darf das Zimmer nebenan beziehen. An die Nacht in diesen ausgekühlten Mauern ohne die geringste Wärmequelle mag ich gar nicht denken. Ich muss mich in Bewegung halten, sonst sterbe ich den Kältetod. Suche in dem hübschen Städtchen ein Restaurant. Es gibt Bars und Cafés, die aber alle nichts Handfestes zum Essen anbieten. Am Ortsausgang im Montesol soll man zu Abend essen können, höre ich dann, aber es sei weit. Dass ich über Entfernungen trotz zwölfstündiger Wanderung und schmerzender Knochen nur milde lächeln kann, weil sie mir helfen, mein Hauptproblem, das Frieren, zu minimieren, kann und muss ich keinem erklären.

Im Comedor des Montesol brennt ein Kaminfeuer. Bei der Befriedigung meines übergroßen Bedürfnisses nach Wärme - setze mich direkt ans Feuer - schrumpft mein Hunger zur Bedeutungslosigkeit. Wie zufällig bleibt mein Blick auf der Aufschrift der Papierserviette hängen: Montesol-Hostal-Restaurante. Und dann geht alles ganz schnell. Der Besitzer fährt mich zur Albergue, um mein Gepäck abzuholen, ich beziehe ein beheiztes Zimmer in seinem Hostal, nehme ein heißes Bad und verkrieche mich in mein Bett. Nur das Hier und Jetzt lasse ich zu, kein Gedanke mehr an durchstandene Härten, keine Sorgen über das, was kommt.

Merkwürdige Geräusche reißen mich aus dem Schlaf. Es könnte sich um Hagel handeln, der auf Autodächer prasselt. Beim Frühstück in der betriebsamen Bar des Montesol verschlägt mir der Blick aus dem Fenster die Sprache: Die Berge der Sierra de Gredos, die südwestlichen Ausläufer des Kastilischen Scheidegebirges, sind schneebedeckt. Und so, wie der Himmel aussieht, kann da noch jede Menge dazukommen. Das Fernsehen zeigt Bilder von Autos, die kaum noch aus dem Schlamm herausgucken. Über Spanien ist ein Unwetter ausgebrochen. Es hat die ganze Nacht geschüttet, was vom Himmel will. Der Wetterbericht meldet heute für ganz Spanien Regen.

Das war's dann wohl mit Pilgern. Der Kälte bin ich ja tapfer entgegen getreten, einem meiner stärksten physischen Stressoren, aber tagelange Märsche im Regen mute ich mir nicht zu. Das Tagebuch dient zur Zeitüberbrückung. Gegen

Mittag wird es heller. Zahle 17 Euro für alles und breche auf. Dass es bis in den nächsten Ort, Banos de Montemayor, auf der Nationalstraße entlanggeht, freut mich unter diesen Umständen sogar. Da hat man festen Tritt unter den Stiefeln. Aufgeweichte Feldwege hätten mir die Nerven geraubt.

Banos ist ein hübscher kleiner Ort typischer spanischer Prägung, in dem schmale, verwinkelte Gassen vom Hauptplatz abzweigen, um ihrerseits wieder in Plätze einzumünden. Hätte mich in dem Wirrwarr auf der Suche nach dem Informationszentrum über die Via de la Plata fast verlaufen. Es beginnt zu regnen, genau das Richtige um sich ein bisschen mit Theorie zu beschäftigen. Montags geschlossen. Das grenzt an Komik, denn die, die das, um was es hier geht, in die Praxis umsetzen, sind - bedingt durch die Natur der Dinge - nicht in der Lage an einem anderen Tag wiederzukommen.

Decke mich fürs Mittagessen ein. Die Verkäuferin ist in zig Wolljacken gehüllt, erzählt von der Ausnahmekälte, die hier zurzeit herrscht und die allen an die Nerven geht. Sie bedauert mich eine so schlechte Zeit erwischt zu haben. Das tut so gut.

Kräftig ansteigend geht es über das säuberlich freigelegte Steinpflaster des alten, in Stufen angelegten Pilgerweges hinauf zur Passhöhe von Béjar. Der Blick hinunter nach Banos ist phänomenal. Leider muss das Tal sowohl die Nationalstraße als auch die neue Autobahn verkraften. Die Moderne ruft überall zu Opfern auf.

Kastilien und León

Es regnet wieder aber in freundlicher Weise. Ein Schild kündigt den Beginn der größten der spanischen Regionen an, Castilla y León. Nach Andalusien und Extremadura bin ich gespannt auf die neue Region. Aber geprägt durch ihre Höhenlage im Kastilischen Scheidegebirge wird wohl kaum auf milderes Klima zu hoffen sein.

Der Pilgerweg kreuzt die Nationalstraße, auf der just als ich ankomme ein Touristenbus vorbeifährt. Alle Augen sind auf mich, vielmehr mein Outfit, gerichtet. Die Chance, als Bustouri die sonderbare Spezies Pilger auf dem Originalweg anzutreffen, ist eine seltene.

Hinunter geht es in ein verträumtes, von der Natur gemaltes Tal, in dem das leuchtend grüne Moos alles dominiert. Es zieht sich über die wenig betretenen Pflastersteine, über die begleitenden Mauern, über Stämme und Äste. Und gerade dieser feuchte dunstige Tag bringt das Grün des Mooses wie auch die Nuancen der weiteren Flora- und Faunafärbung ganz besonders gut heraus. Die hässlichen, grauen Betonträger der Autobahntalbrücke blende ich einfach aus.

Stundenlang wandere ich gedankenverloren unter dem sicheren Geleit der gelben Pfeile durch das endlos scheinende Tal. Komme hin und wieder an vereinsamten Ställen vorbei und schrecke unbeabsichtigerweise die Kühe auf, die auf meinem Weg liegen. Etwas ist anders, ach ja, es sind Holsteiner Rinder, die schwarzweißen mit den normalen Hörnern. Erst die Angst, die sich nicht meldete, hat mich auf diesen Unterschied aufmerksam gemacht.

Pilger auf dem Weg nach Calzada de Béja

Der Wegmarkierung folgend nehme ich einen holprigen Weg hinauf in einen Ort. Ein Schuppen, aus Wellblechfetzen zusammengesetzt, erinnert mich heftigst an meine Zeit in Afrika. Nur das so was dort in den Townships den Menschen als Behausung dient, während sich hier Schweine in ihm tummeln. Auf Armut deuten sie beide hin. Ob dieser Bauer im geeinten Europa mehr als das bloße Überleben hat, bleibt anzuzweifeln. Da sehe ich ihn auch schon zwei Meter höher auf einem kleinen Acker mit einer Hacke arbeiten. Eine uralte, bewachsene Feldsteinmauer fängt seinen Acker ab und trennt ihn gleichzeitig von dem Weg, auf dem ich gehe. Durchaus respektvoll ob der Schwere seines Daseins grüße ich ihn, bekomme aber statt einer Grußerwiderung nur die Frage, die ich schon hundert mal gehört habe und die mich schon schlecht träumen lässt, zurück: "Vienes sola?" Das muss auf die Fantasiewelt der spanischen Männer eine unglaubliche Einwirkung haben, dass Frauen allein durch ihr Land marschieren. Wenige Meter weiter gebärdet sich ein riesiger, schwarzer Hund wie eine alles zerreißende Bestie, als er mich kommen sieht. Keiner pfeift den zurück. Wie passt das zusammen? Wird hier das schutzbedürftige im Weiblichen ausgeblendet?

Ein paar Schritte weiter eine völlig neue Erfahrung. "Herzlich willkommen in Calzada de Béjar", ruft mir jemand in bestem Deutsch zu, während er eifrig einen Betonmischer bedient. Jüngste deutsche Geschichte in ihrer lebendigsten Form. Ein sogenannter Gastarbeiter hat mich auf den ersten Blick als Deutsche ausgemacht. Er ist nach fast 30 Jahren nach Spanien zurückgekehrt. Weil seine beiden Kinder in Spanien leben, hier verheiratet sind, sagt er. Er wohnt mit seiner deutschen Frau zehn km entfernt, hilft hier bei Verwandten nur aus. Bei unserem Schwätzchen höre ich von der Pilgerunterkunft im Rathaus, d.h. man muss es sich dort auf dem Boden gemütlich machen. Mit Grauen denke ich an die kommende Nacht.

Mein freundlicher Begrüßer lädt mich auf ein Bier in die Bar ein. Julio, der Wirt, wirft gerade Feuerholz in den gusseisernen Ofen, dem die wohlige Wärme in dem Raum zu verdanken ist. Optisch erinnert der Raum eher an einen Kartoffelkeller. Nur dieses Feuer kann dich retten, sage ich mir leise. Mein Begleiter übersetzt dem Wirt mein Anliegen. Dieser zögert, scheint damit Probleme zu haben, mich vor dem Ofen schlafen zu lassen. Will einen guten Preis für die Übernachtung in der geheizten Bar zahlen, aber um Geld geht es gar nicht. An dem Spirituosensortiment an der Wand würde ich mich nicht vergreifen, versichere ich, mein Ziel nicht aus den Augen lassend. Aber darum scheint es auch nicht zu gehen. Julios Problem ist die Tür, die sich nicht abschließen lässt. So eine Unterkunft mag er nicht anbieten. Dem stelle ich die kalte Rathausbodenalternative bewusst gegenüber und kann überzeugen.

Sandra, Julios 16jährige Enkeltochter, fragt nach meinen Essenswünschen. Am liebsten Tortilla patata. Sie geht Kartoffeln kaufen und bringt die Dorf- News mit: Es sind noch zwei Pilger eingetroffen, ein Koreaner und eine Frau aus England. Ich also los ins Rathaus, von Neugier getrieben. Die beiden breiten gerade ihre Schlafsäcke auf dem kalten Boden aus, wollen tatsächlich die Nacht dort verbringen.

Elisabeth kommt mit rüber in die Bar. Sie bestellt auch eine Tortilla bei Sandra. Derweil verwöhnt uns Julio mit Bier und Wein und Tapas. Weitere Familienmitglieder trudeln ein. Männer aus dem Dorf spielen am Nebentisch Karten, der Wirt gesellt sich dazu. Um uns herum tobt das Leben. Elisabeth und ich, wir sind im gleichen Alter, verfügen über unendlichen Gesprächsstoff. Sie hat den Camino de la Plata im Februar (das muss man sich mal vorstellen) begonnen, vor ein paar Tagen in Santiago beendet. Und weil sie wegen Schneefalls das Etappenstück Banos de Montemayor bis Salamanca versäumte, ist sie heute mit dem Bus gekommen, um es nachzuholen.

Sandra und ihre jüngere Schwester schauen bis 0:30 fern. Ich kauere auf ein paar alten Westen und Pullovern, die Julio vor seinem Fortgehen zusammenraffte, vor dem Ofen. Ein Kopfkissen hat er mir später hereingereicht. Hauptsache nicht frieren, sage ich mir.

Die unverschlossene Tür, die jeder Säufernase den freien Zugriff auf das Spirituosenstandard verschafft, versuche ich zu ignorieren. Ebenso die Schmerzen in den Hüften verursacht von der harten Unterlage.

Julio kommt um acht, schmeißt den Ofen an und macht mir Kaffee. Sein Blick aus der Tür sagt alles: Mieses, nasskaltes Regenwetter. Ich breche erst gegen Mittag auf. Julio will kein Geld für die Übernachtung. Lasse mir die Adresse seiner Enkelkinder aufschreiben. Mit einem Päckchen aus Deutschland wird das wieder gutgemacht.

Kalter Wind schlägt mir ins Gesicht, aber es regnet immerhin nicht. Von überall her laufen Rinnsale zusammen und auch das aus den Mauerritzen hervorsprießende Grün bezeugt die gegenwärtige Dominanz des Wasserelementes. Störche fliegen über mich hinweg. Klar, dass es ihnen hier gut geht.

Vor mir in den matschigen Kuhdriften die Spuren zweier Stiefelpaare. Wir sind alle freie Menschen und nicht verantwortlich für die Befindlichkeit anderer, sagt der Verstand. Aber wir gehören doch gewissermaßen zusammen, sind auf dem gleichen Weg, sagt das Gefühl und kann den Schmerz des Zurückgelassenseins nicht leugnen. Gerne wäre ich mit Elisabeth und dem Pilger aus Korea zusammen gegangen. Ja, hatte heute morgen gehofft, sie würden mich abholen.

Der düstere Himmel über der einsamen Gebirgslandschaft und der unverlaufbare, schwierigkeitslose Weg, den es nur abzurollen gilt, bieten sich förmlich an diesem altbekannten Schmerz auf die Spur zu kommen. Bewusst lasse ich Verstand und Gefühl aufeinander los, mal sehen, was dabei rumkommt.

Es ist früher Nachmittag, als ich das wie ausgestorben wirkende, farblose Fuenterroble de Salvatierra vor mir habe. Ein Schäfer gibt mir auf meinen freundlichen Gruß nur das verhasste "Vienes sola" zurück. Und Petrus öffnet seine Schotten. Wenn jetzt nichts passiert, das meine Stimmung hebt, sehe ich schwarz.

Der rettende Anker ist die Bar Jurama. Die rührende Wirtin dreht die Heizkörper auf, an denen meine nasse Kleidung Platz findet und ich meinen Rücken wärme. Sie bringt heißen Kaffee und Kuchen dazu und hat tausend aufmunternde Worte bezüglich des miesen Wetters, das gerade Pilger, die ihm ganztägig ausgesetzt sind, besonders hart trifft. Meine Welt ist wieder in Ordnung.

Elisabeth und ihr koreanischer Pilgerfreund betreten die Bar. Sie wollen in der Alimentation, also dem kleinen Laden, den die Wirtin führt, Verpflegung für morgen einkaufen. Sie sind überrascht mich hier anzutreffen, setzen sich nach dem Einkauf zu mir an den Tisch. Wir plaudern freundlich miteinander, essen gemeinsam zu Abend und gehen anschließend zur wenige Schritte entfernten Herberge, wo sie bereits einquartiert sind. Ein uriges Gebäude, in dem es sich gut rasten ließe, wäre es nur nicht so fürchterlich kalt. Im Aufenthaltsraum neben der Küche brennt ein Feuer im Kamin. Bitte Moon, den Koreaner, der aufgrund seines mehrjährigen Aufenthaltes in Spanien die Sprache bestens beherrscht, beim Herbergsbetreuer anzufragen, ob ich auf einer Matratze vor dem Kamin schlafen dürfte. Für mich völlig unverständlich entbrennt zwischen den Männern ein Streit. Peinlich berührt zeige ich dem jugendlichen kahlgeschorenen Betreuer meine kalten, blauangelaufenen Hände und ergreife zwecks Untermauerung meiner nicht vorgetäuschten Wärmebedürftigkeit seine warmen. Doch die beiden streiten weiter, bis Moon sich abwendet, in den wenige Grade messenden Schlafsaal geht, sich auf sein Bett setzt. Fassungslos schaut er uns an. Der Herbergsbetreuer hat ihm gesagt, er würde sich ständig beschweren, hätte an allem was auszusetzen und sei im übrigen gar kein richtiger Pilger. Das wüsste er von einem spanischen Pilger, der gestern hier übernachtete. In dem Gespräch zwischen uns dreien stellt sich dann heraus, dass betreffender Pilger jener Macho ist, der mir vor Tagen begegnete. Der hatte in der Herberge in Aldeanueva eine deutsche Pilgerin angekündigt, die nur am meckern sei. Und weil Moon auf Meckerziegen keinen Bock hat, haben mich die beiden heute morgen nicht abgeholt. Braucht es da noch Beweise, dass eine Pilgerschaft sich nicht vom sonstigen Leben unterscheidet? Moon ist zutiefst verletzt, sieht aber auch, dass gleicher Virus, der das erzeugte, auch ihn befallen hatte.

Obwohl ich vom Komfort betrachtet eine geruhsame Nacht vor dem Kamin hatte, schlief ich schlecht. Gestern ist so viel passiert, das will erst mal verdaut werden. Moon ist schon fort, Elisabeth hat auch vor dem Kamin geschlafen, macht sich startklar, bzw. wetterfest und ich warte, dass es neun wird, habe mich in der Bar Jurama zum Frühstück angemeldet.

Mit etwas Warmem im Bauch sehen Regenwolken nicht mehr so bedrohlich aus und der miese, ins Gesicht schneidende Wind kühlt weniger aus. Über ca. zehn Kilometer folge ich durch mehr oder weniger ebenes Gelände auf Feldwegen und Pfaden den gelben Richtungspfeilen, ohne meine gleichmäßige Schrittabfolge, und nur die hält meinen Wärmehaushalt in Ordnung, unterbrechen zu müssen. Einzige Ausnahme das Öffnen und Schließen der Weidetore. Nur sie lassen ahnen, dass hier Viehhaltung betrieben wird. Sonst hätte ich meine Umgebung als lichten Steineichenwald bezeichnet. Die Ginsterbüsche bringen etwas Heidecharakter hinein.

Windpark auf dem Pico de la Duena

Es geht hinauf, aber ordentlich. Regen und kalte Nebelschwaden gesellen sich zu dem abscheulichen Wind. Das Dreigespann stresst mich aufs Äußerste. Sichte einen künstlichen Farbklecks auf halber Bergeshöhe - Elisabeths knallblauen Backpackregenschutz. Mit neuer

Motivation schleppe ich mich zwischen schroffen Felsen und piksigen Büschen weiter hoch. Unser Zusammentreffen ist reine Freude. Elisabeth hat heute mit Konditionsproblemen zu kämpfen, muss häufig Pausen einlegen. Gemeinsam erklimmen wir die Spitze des 1.100 m hohen Berges Pico de la Duena, die von einem Santiagokreuz gekrönt wird. Wer hier oben alleine ist und einen faschen Schritt tut, der ist wohl verloren, glauben wir. Elisabeth möchte beim Kreuz verweilen. Aber ich muss weiter, halte es ohne Bewegung in der Kälte nicht aus.

Beim steilen Abstieg dann das Unglaubliche: Ein Geländewagen mit zwei jungen Geistlichen kämpft sich den Weg hoch. Wie oft ist mir das auf der Via de la Plata schon wiederfahren: Glaube mutterseelenallein in der Mitte von nirgendwo zu sein und dann taucht etwas völlig Unerwartetes, in der Situation beinah Kurioses, auf. "Sind Sie allein auf dem Pilgerweg und ist alles okay?", fragt der Geistliche auf dem Beifahrersitz. Ich beantworte die zweiteilige Frage wahrheitsgemäß, wobei ich Elisabeths Aufenthalt auf der Bergspitze zufüge.

Schnell und immer schneller versuche ich mich in tiefere Gefilde, wo es heller aussieht, zu bringen. Der Blick zurück von der irre langen Landstraße entspringt der Hoffnung Elisabeth nahen zu sehen und überwältigt ob der ungeahnten Mächtigkeit des bezwungenen Berges.

Beim Einmarsch in San Pedro de Rozadas scheint sogar die Sonne. 30 km liegen hinter mir. Dass es bei Mari Carmen in der Bar Moreno den Schlüssel für die Herberge gibt, verrät mir mein treuer Pilgerführer.

Huch, wo bin ich? Vor mir steht Elisabeth, pellt sich aus ihren Wind- und Regenschutzschichten heraus und lacht. Ich war, Kopf und Oberkörper auf dem Bartisch abgelegt, eingeschlafen. Und das trotz des starken spanischen Kaffees! Diese Pilgertour hat es in sich, wobei es weniger die Kilometer als vielmehr Wind und Wetter sind, die mir zusetzen. Elisabeth ist auch erschöpft. Mari Carmen schickt uns ihren Sohn mit, damit wir die Herberge auch finden. Nein, dieser verschmutzte Raum im Hinterhof der Dorfschule verdient die Bezeichnung Herberge nicht. Also weiter nach Morille. Kräftemangel und körperlicher Schmerz (mein rechtes Bein ist so sehr angeschwollen, dass ich die Stiefelschnürung öffnen muss) sagen nein zu den weiteren vier km, aber die Hoffnung auf eine erträgliche Unterkunft beflügelt. Es beginnt zu regnen. Egal, auf eine Härte mehr oder weniger kommt es nun auch nicht mehr an.

Morille ist ein zauberhafter, sehr gepflegter kleiner Ort. Das Gemeindehaus ist verschlossen, also suchen wir nach der Bar. Jemand klopft an eine Fensterscheibe. Kann der uns meinen? Und ob er uns meint! Moon öffnet uns die Tür zur gerade fertiggestellten, liebevoll eingerichteten Pilgerherberge, in der er es sich gemütlich gemacht hat. Es gibt 4 Betten mit warmen Decken, einen elektrischen Heizer und ein blitzsauberes Duschbad mit heißem Wasser. Wir können unser Glück kaum fassen. Die gewünschten 6 Euro zahlen wir alle gern für diesen Service.

Heute Abend wird gefeiert. Für Moon und Elisabeth ist die Pilgerung morgen in Salamanca zu Ende und für mich ist die Freude über ihre Gesellschaft der Grund dazu. Die kleine Dorfbar ist die Gemütlichkeit selber. Wohltuende Wärme umfängt uns. Wo kommt die her? Eine alte Dame sitzt an einem runden Tisch mit bodenlanger Tischdecke. Die Mutter vom Wirt, wie wir hören. Sie hebt die Decke an, zeigt uns des Rätsels Lösung: In der Mitte der bodennahen Holzplatte gleichen Durchmessers wie der Tisch ist eine Metallschale eingelassen, die mit glühender Kohle befüllt wurde. Damit, mesa camilla genannt, helfen sich die Spanier über die kalte Jahreszeit hinweg. Wir werden zum Abtauchen unter die Tischdecke eingeladen, was zur allgemeinen Belustigung in der Bar führt. Dem Wirt ist das peinlich, er stellt für uns Heizkörper um einen separaten Tisch herum. Seine Frau brutzelt uns ein einfaches aber schmackhaftes Abendessen. Dazu gönnen wir uns roten Landwein ohne Ende. Dank Moon, der willig übersetzt, können wir auch die Leute am Tresen in unsere fröhliche Runde einbeziehen. Der Abend wird mir unvergessen bleiben.

Wind und Regen, ein Wetter bei dem man keinen Hund vor die Tür schicken würde. Aber wir stiefeln los. Das harte Los des Pilgers! Elisabeth kann mit Regenhose und -jacke, Handschuhen und Gesichtsschutz dem Wetter noch am besten Paroli bieten, während Moon und ich mit Regencape bzw. wasserabweisenden Anorak auskommen müssen. Moon erzählt von sich. Er hat, bevor er diese Mérida-Salamanca-Etappe der Via de la Plata startete, den Camino Francés mit seinen 800 km bewältigt und das mitten im Winter und schon das zweite Mal. Ich muss schmunzeln, denn was ist er doch gleich - kein richtiger Pilger? Er hat ein Buch über seine erste Pilgertour geschrieben, es als freischaffender Künstler selbst illustriert und mit eigenen Fotos versehen. Und von seiner künstlerischen Hand dürfen Elisabeth und ich profitieren. Die richtige Pose abwartend lässt er uns auf die ferne Silhouette der historischen Stadt Salamanca zu marschieren und schießt mit

Profiblick Fotos von und für uns. Durch seine aufmunternde Aktivität wird der Wetterstress bald zur Nebensache und der schwere Lehm an unseren Stiefeln von den matschigen Feldwegen kaum mehr wahrgenommen. Auf einmal ist er verschwunden. Im Osten taucht der große schwarze Kopf bekannter Spirituosenwerbung auf, nimmt uns mit jedem unserer Schritte deutlicher in Augenschein. Das Fotomotiv überhaupt. Ob ich will oder nicht, es drückt wieder im Magen wie Tage zuvor auf der Kuhweide.

In Salamancas jüngster südlicher Ausdehnung befreien wir unsere Wanderstiefel noch gemeinschaftlich von kastilischer Erde, folgen der Römerstraße über die historische Brücke mit ihren 15 ursprünglichen Bögen, um dann direkt auf die Plaza Mayor, den vielleicht schönsten der spanischen arkadenumzogenen Plätze, zuzusteuern. Dort nehmen wir Abschied voneinander. Elisabeths Empfehlung, die Pension Bajoz in der Calle Meléndez, ist genau das Richtige. Das winzige Zimmer verfügt über alles, was ich brauche: Ein Bett mit zwei Wolldecken und einen Heizkörper. Sehne mich nicht nur, ich bin schon süchtig nach Wärme. Da es bei der Hoffnung auf besseres Wetter, also frühlingshafte Temperaturen, geblieben ist,

Plaza Mayor in Salamanca

werde ich mir morgen wohl doch noch eine Wintergarnitur, sprich Wollmütze, Schal und Handschuhe zulegen müssen. Wir schreiben den 1.April!

Es gießt, was vom Himmel will. Aber das ist nicht das Schlimmste: Mein rechtes Bein gleicht einem Ballon, hat fast doppeltes Maß vom linken angenommen. Bei jedem Schritt stechen Tausende von Nadeln zu. Damit hätte ich zu Hause sofort eine Krankschreibung in der Tasche. Zum Arzt gehen? Das würde das Ende der Pilgerung bedeuten.

Salamanca steht für eine endlose Liste herausragender Monumente, nicht umsonst von der Unesco unter Schutz gestellt. Aber vielmehr als die Kathedrale aus dem 12.Jahrhundert, die neue gleich daneben (500 Jahre später fertiggestellt), das markante Muschelhaus und das alte Universitätsgebäude mit seiner überbordenden Fassade, die es zu enträtseln lohnt, kann ich mir nicht erhumpeln. Die Stadt scheint wie aus einem Guss zu sein. Für alle Bauten wurde das gleiche Rohmaterial verwendet, sattgelber Stein aus Villamayor.

Es wird heller. Die nächste Pilgerunterkunft ist nur 15 km entfernt. Ich wage es. Immer nördlich haltend finde ich leicht aus der Stadt hinaus. Leider geht es auf der N-630 weiter. Diese Straße ist mir ein Gräuel. Bald schon leiten die Pfeile auf einen leicht ansteigenden Feldweg, der ins nächste Dorf führt, nach Aldeaseca de Armuña. Sonderbare Spuren auf dem Weg stoppen mich. Abdrücke zierlicher Damenschuhe kommen von der Nationalstraße den Feldweg hoch. Seitlich aus dem kurzen Wintergetreide stoßen kräftige Stiefelabdrucke dazu. Ein Durcheinander von beiden Abdrucktypen lässt auf einen Kampf schließen. Die Damenspuren verschwinden auf der anderen Wegseite im Kornfeld, stoßen weiter oben wieder auf den Weg wo nochmals Kampfesspuren auszumachen sind. Mir ist speiübel.

Hinter Aldeaseca de Armuña geht es wieder in die freie Feldmark hinaus. Jeder, der mich im Dorf gesehen hat, weiß, dass ich hier allein herumlaufe. Denke an Elisabeths deprimierendes Erlebnis, von dem sie mir erzählte. In der Bar in Carcaboso hat ein Gast- von ihr da noch unbemerkt- an ihr Gefallen gefunden. Im nächsten Ort (er ist mit dem Auto dorthin gefahren) hat er sie freundlich begrüßt, sie darauf aufmerksam gemacht, sich in der Bar in Carcaboso getroffen zuhaben und so getan, als würden sie sich zufällig über den Weg laufen. Erst hat

Elisabeth sich noch nichts dabei gedacht, aber als sich dieses Spielchen über Tage fortsetzte, hat sie die Pilgertour unterbrochen, ist mit dem Bus in die nächste Stadt gefahren. Gestehe mir ein, eigentlich ständig unter einem erhöhten Gefährdungspegel zu stehen.

Der kräftige Wind treibt Regenwolken heran. Die Schauer sind kurz, zwischen ihnen trocknet die Kleidung immer wieder. Aber der Wind kühlt aus. Zwei Frauen gehen mit ihren Hunden spazieren. Sie haben sich ihre Schals wie einen Verband um den Kopf gewickelt, nur Sehschlitze für die Augen ausgespart.

Schaue in den Wanderführer, um zu erfahren, wo es in Calzada de Valdunciel den Schlüssel für die neue, im letzten Jahr eröffnete Pilgerherberge gibt. Bei Elena. Sie hat ihr Büro als Kulturbeauftragte im ersten Stock des Gemeindehauses. Aus den unteren Räumen sind Stimmen zu vernehmen. Vorsichtig öffne ich die Tür und erblicke ein interessantes Szenario: 25 bis 30 Männer höheren Alters sitzen im Halbkreis vor einem Bartresen bzw. dem Fernseher darüber und verfolgen einen Stierkampf. Eine resolute Spanierin mit Herrenschnitt, vielleicht Mitte sechzig, versorgt die Herrenriege mit Alkoholischem. Da ich ohnehin auf Elena warten muss, setze ich mich doch in den halbwegs warmen Raum, der für jedermann zugänglich scheint und verzehre meine Selbstversorgung. Dazu ein Bier von der Bar. Mehr oder weniger aus Langeweile schaue auch ich auf den Bildschirm. Und werde sprachloser und sprachloser. So habe ich einen Stierkampf noch nie gesehen. Nahaufnahmen von Lanzen, die sich in den Nacken des Tieres bohren und das Blut herausspritzen lassen. Kann weder weiteressen noch aufstehen und gehen. Wie gelähmt sitze ich da und schaue auf das blutige Spektakel. Mir ist, als wären alle Naturgesetze außer Kraft getreten. Wie das Tier nach dem tödlichen Stoß zusammenbricht, kommt mir ein Ekel aus Kindertagen hoch: Ich konnte dem Schlachter, der die Schweine auf unserem Bauernhof schlachtete, nicht die Hand geben. Und diesem Torero, dessen Porträt neben mir an der Wand hängt, den eine ganze Nation verehrt, könnte ich auch nicht die Hand geben. Niemals.

Die Herberge ist eisigkalt. Ich friere innen und außen. Im Aufenthaltsraum steht ein Heizstrahler. Hole mir eine Matratze aus dem Schlafsaal und lege sie davor. Am späten Abend trudelt noch ein deutsches Paar ein, das es ohne weiteres mit dem kalten Schlafsaal aufnimmt. Ich staune nur.

Die beiden verabschieden sich. Sie wollen die Straße nehmen, haben genug von den matschigen Feldwegen, die einem die Stiefel verkleistern. Der Originalweg führt auch nach drei km auf die N-630, auf der es dann leider über sechs km weitergeht. Gefährdeter als hier kann man kaum sein. Denke an die beiden, die die Straße bevorzugen. Ja, Pilgern ist nicht anders als das Leben sonst, den een sien Uhl is den annern sien Nachtigal.

Auch die 20 km bis El Cubo hat mein Bein gut überstanden. Es ist doch erstaunlich, was man mit eisernem Willen alles schaffen kann. Padre Tomas schließt mir die Herberge auf. Der Zugang zu ihr liegt im Eingang zur Kirche. Die dicken Natursteinmauern haben in diesem Jahr wohl noch keine Sonne gesehen, sie ziehen mir noch den letzten Rest Wärme aus den Knochen. Padre Tomas schmeißt Gasofen und Boiler an, lädt mich zum Abendessen ein um neun. Kaum ist er gegangen, fällt der Ofen aus. Na gut, denke ich, werde ein heißes Duschbad nehmen und anschließend unter einen Berg von Wolldecken kriechen. Die halbe Stunde, die es dauern sollte, bis der Boiler heißes Wasser liefert, warte ich ab. Stelle mich unter die Dusche. Alles, was kommt, ist eiskaltes Wasser. Gefrustet ziehe ich mich wieder an und verkrieche mich im Bett. Es zieht im Bauch. Oh nein, nicht auch das noch! Wo um alles in der Welt soll eine menstruierende Pilgerin in der Natur Hygieneartikel wechseln und entsorgen?

Padre Tomas hat Besuch. Don Alfonso Ramos de Castro, der Vorsitzende des Örtlichen Jakobusvereins (Asociación Via de la Plata) ist mit seiner Frau da. Was hätte ich jetzt darum gegeben, die spanische Sprache zu beherrschen. Aber dass die Kälte zurzeit des Pilgers größtes Problem ist, darauf kommen sie auch ohne meine Klagen. Don Alfonso hat ein Folleto (= Broschüre) über den Camino Portugués herausgegeben. Von dem Weg habe ich noch nie gehört. Er überlässt mir ein Exemplar. Über sieben Etappen ist eine genaue Wegeskizze von Zamora an die Grenze zu Portugal, weiter über Braganza bis an die portugiesische Grenze zu Galizien eingezeichnet. Meine Frage, ob man sich bei diesem Abstecher durch Portugal auch wirklich auf die Pilgerwegsmarkierung verlassen kann, beantwortet Don Alfonso mit ja, wir sind den Weg selbst gegangen. Unauffällig gleitet mein Blick von diesem überaus eleganten Herrn zu seiner Gattin von ähnlich mondänem Äußeren. Kaum vorstellbar, wie diese beiden einen Komfortverzicht üben, wie ich ihn auf dem Via de la Plata kennen lernte.

Padre Tomas hat vorzüglich gekocht: Sopa de Cocido und Carne di guisado. Was es genau ist, weiß ich nicht, spielt auch keine Rolle. Es schmeckt wunderbar und weckt meine Lebensgeister. Dazu gibt es tiefroten Wein und zum Abschluss ein Gläschen Aufgesetzten. Den darf ich mir in der, fast hätte ich gesagt, klösterlichen Speisekammer aussuchen. Vier große Mehrliterflaschen mit verschiedenen Fruchtansätzen stehen nebeneinander. Ich glaube, ich hab Pflaume erwischt. Auf jeden Fall wärmt der gut von innen auf.

Apropos Wärme. Bitte Padre Tomas, sich den unwilligen Ofen anzusehen. Die Gasflasche ist leer. Padre Tomas fasst den schnellen Entschluss, mich in seinem Haus unterzubringen. Mir kommen Tränen der Erleichterung.

Der Duft von frischem Kaffee und geröstetem Toast zieht durchs Haus. So bin ich noch nie geweckt worden. Danke diesem gütigen Menschen aufs Herzlichste. Ein Morgen wie aus dem Bilderbuch: blauer Himmel und Sonnenschein, der sich im Raureif der Wiesen spiegelt und eine Stille, die man kaum durch Schritte stören mag.

Hundegebell. Hier in der Feldmark, wo kein Mensch weit und breit zu sehen ist. Auf einem der Äcker wurde eine nagelneue Beregnungsanlage installiert und die lässt sein Besitzer offensichtlich durch tierisches Wachpersonal sichern. Noch bleiben die beiden Hunde in der Mitte des Feldes liegen, auch wenn ihr Gekläffe mit jedem meiner Schritte bedrohlicher wird. Es möge ihnen hoffentlich einleuchten, dass ein einzelner Mensch wie ich keine 100 m breiten und mehrere Tonnen schweren Wasserleitsysteme in die Tasche stecken kann. Mit Angst im Nacken pilgere ich an der verteidigten Anlage vorbei. Bald sieht man nur noch wenige Bäume. Eine aufgeräumte Landschaft, in der die Weinstöcke scheinbar mit dem Zentimetermass gesetzt wurden. Kilometerlang nur das. Und doch ist es schön, denn nichts und niemand unterbricht den Fluss meiner Schritte und Gedanken.

Übermannshohe, nagelneue Granitsäulen mit Muschelemblem stehen am Weg. Die müssen richtig Geld gekostet haben. Ich weiß, dass man einem geschenkten Gaul nicht ins Maul schaut, ich dankbar sein muss und es auch bin, wenn der spanische Staat mich auf seinen Pfaden marschieren lässt. Dennoch, man täte den Pilgern mehr Gutes, wenn man zwischen den großen Distanzen

Wegweiser bei Cea

zusätzliche Herbergen einrichtet und bei Minusgraden, wie zurzeit, für funktionierende Wärmequellen sorgen würde. Schlichte gelbe Pinselstriche haben es jahrelang getan und würden es weiterhin tun.

Ein älterer Mann kommt mir aus der Ortschaft, der ich zustrebe, entgegen. Er hält an, fragt nach meiner Nationalität. Leider hat er die deutsche Sprache völlig vergessen, erzählt er, aber damals, als er in Deutschland arbeitete- und das waren immerhin 20 Jahre- beherrschte er sie gut. Ich spüre Interesse für ihn, wahrscheinlich auf der guten Erfahrung basierend, die ich als Kind mit den sogenannten Gastarbeitern machte. Es ging ihm gut in meinem Land, aber das Heimweh nach Zuhause, er zeigt auf Villanueva de Campeán, hat ihn zurückgebracht. Er beschreibt mir wohlwollend den Weg zur Herberge, dass ich durch sein Dorf nur durchmarschiere, in Zamora übernachten will, behalte ich für mich.

Hier wie vielerorts zuvor fallen mir die völlig zerfallenen Häuser inmitten der beidseitig lückenlos bebauten Gassen auf. Ob die nicht auf das deutsche Wirtschaftswunder zurückzuführen sind? Wie könnte es auch ohne Folgen bleiben, wenn den Familien über Jahrzehnte die kräftigen jungen Männer genommen wurden.

Gegen Mittag dann der große Moment: Von der ununterbrochen tätigen Sonne erwärmt kann ich Anorak und Wollpullover ausziehen und im Backpack verstaunen. Ich bin so gut drauf, nichts und niemand könnte diese Stimmung trüben, auch nicht die Sohle des rechten Stiefels, die sich zu lösen beginnt.

Über verschiedene Feldwege, mal rechts mal links abbiegend, aber immer von den gelben Pfeilen sicher geleitet, nähere ich mich Zamora. Motorenlärm hinter mir. Zwei Geländewagen kommen mit Affengeschwindigkeit auf dem Feldweg herangefahren, um dann auf meiner Höhe mit Vollbremsung zu stoppen - und das in einer Pfütze! Schuhe, Hosenbeine, der Proviantbeutel in meiner Hand, alles ist vollgespritzt. Die Fahrer springen aus den Autos, aber so rasant wie im Actionfilm. Ob ich auf der Pilgerschaft sei, werde ich gefragt. Sie auch, höre ich dann. Schnell wird ein brandneuer, spanischer Pilgerführer hervorgeholt, der verrät, dass es bis Zamora nur noch schlappe acht km sind. Dort wird es heute, am Sonntag vor der Semana Santa (der Karwoche) eine der schönsten Prozessionen Spaniens geben. Und alles springt zurück in die Autos und braust davon. Glücklicherweise ist mein Spanisch so mangelhaft, dass ich davon ausgehen muss, nicht wirklich verstanden zu haben, zu welchem Zwecke sie unterwegs sind. Ansonsten müsste ich sie für verrückt halten.

Auf einer ansteigenden Landstraße geht's weiter. Auf einmal liegt Zamora vor mir. Meine Erfahrungen halten die Euphorie der optischen Täuschung in Grenzen. Es sind noch mindestens acht bis zehn km zurückzulegen. Der Pilgerweg steuert auf eine Finca zu. Eine von denen, wo mitten in der Walachei Vieh gehalten wird, aber kein Wohnhaus, wie man es von Zuhause kennt, dabei ist. Schon von weitem sehe ich drei Hunde davor auf dem Weg liegen. Wie ich das hasse!

Auf kürzere Distanz entdecke ich ein abgestelltes Auto. Die Chance, dass der Bauer gerade da ist, ist groß. Als die Hunde anschlagen, rufe ich laut. Ein junger blonder Schäfer schaut um die Ecke, fordert mich auf vorbeizugehen. Ich zögere, woraufhin er die Hunde zu sich ruft. Wohl mehr, um mir meine übertriebene Ängstlichkeit vor Augen zu führen als zu seiner Entschuldigung, beschreibt er seine Hunde als harmlos. Es sind Hütehunde, was ich mit Blick auf die vielen hundert Schafe, dazwischen die ersten Osterlämmer, auch einsehe. Frage mich, ob bei mir in punkto Hunde vielleicht was nicht stimmt. Tatsächlich ist mir ja noch nichts passiert (außer dem Biss in den Arm im Alter von 7 Jahren) - weil ich mich in Sicherheit bringe? Wer die Gefahren fürchtet, der kommt durch sie nicht um, lautet eine alte Weisheit.

An den Ufern des Duero spazieren, den Blick dabei gegenüber auf die mittelalterlichen Baudenkmäler von Zamora richten, ist das Highlight des Tages. Wie immer, wenn ich in Städte hineinwandere, durchströmt mich das Gefühl unbe-

Blick auf Zamora

grenzter Freiheit. Ein Kick, der sicher dazu beiträgt, die Strapazen einer langen Wanderschaft abzumildern. Ein blauer Farbtupfer sticht aus den etagenartigen, sandsteinfarbenen Häuserzeilen heraus: Eine ausgefahrene Markise. Ach mögen ihr doch weitere folgen! Ohne zu fragen, es ist auch kein einziger Mensch auf der Straße, den man fragen könnte, finde ich hinauf in die Altstadt und weiter zum Rathausplatz, wo sich das Hostal La Reina befindet, das Elisabeth mir empfohlen hat. Wie ich mich auf ein warmes Bad freue!

Nicht nur ich fühle mich wie ausgewechselt als ich um 18:00 wieder auf die Straße trete, auch die Stadt scheint es zu sein. Hier tobt der Bär! Tausende von Menschen ziehen durch die Gassen. Frage nach der Prozession, man zeigt Richtung Kathedrale. Dort das gleiche Bild wie auf dem Rathausplatz: Hin und her strömende Menschen. Aber wo ist denn bloß die Prozession? Eine Spanierin drückt mir einen Prospekt in die Hand, in dem der Prozessionsweg eingezeichnet ist. Hier bin ich falsch, meint sie, soll in den östlichen Teil der Altstadt gehen. Also wieder zurück. Und als ich endlich begriffen habe, dass der Prozessionszug um die Altstadt herumzirkuliert, dabei über zwei vom Rathausplatz abspreizende Straßen diesen bei jeder Runde passiert, ist es 20 Uhr und alles vorbei. Ich fühle mich wie der dämlichste Mensch unter der Sonne. Wie konnte mir das passieren? - Ich war von dem ausgegangen, was ich kenne.

Bei Umzügen und Straßenveranstaltungen, wie z.B. Städtemarathon, stehen wir in Deutschland am Straßenrand und warten auf das, was da kommt. So bin ich dem Strom der Spanier gefolgt in der Annahme, sie würden sich genauso verhalten, also zum Schauplatz streben. Weit gefehlt! Die ziehen mit Kind und Kegel hin und her, nehmen die Prozession zum Anlass für ganz individuelle Vergnügungen im Bad der Menge.

Eine erstklassige Tortilla patata hilft über diese Enttäuschung hinweg. Nebenbei schaue ich in den Wanderführer. Morgen lässt die N-630 wieder grüßen. Nein, von der hab ich genug. Die Alternative wäre Don Alfonsos Camino Portugués. Mit diesem mutigen Entschluss hab ich mich selbst überrascht.

Der Tag fängt ja gut an, pitschenasse Straßen. Dann bemerke ich aufgrund trockener Nebenstraßen, dass dafür die Stadtreinigung zeichnet und nicht Petrus. Suche eine Schusterwerkstatt. Hoffentlich verliere ich wegen der Reparatur keinen ganzen Tag. Nicht mal eine Stunde benötigt der Schuster dafür und Geld will er auch keins. Das Dreifachglück: Sohle ab zur richtigen Zeit, am richtigen Ort und in richtiger Hand. Gestern ist vergessen. Wenn mich der Camino eines lehrt, dann das: Nach vorne geht es weiter!

Ich muss lange suchen und viele Leute befragen, bis ich in dem kleinen Park auf den ersten gelben Markierungspfeil des Camino Portugués treffe. Auf der kleinen Römerbrücke kurz vor der Ermita del Christo de Valderrey hält mich ein Spanier an, der wissen möchte, wo ich drauf los will. Er spricht mich gleich auf Deutsch an. Damals ging er als junger Mann nach Deutschland und ist geblieben. Er besucht gerade seine Kinder, die heute in Spanien leben. Im Laufe unseres Gespräches macht er mich auf die Gefährlichkeit der freiherumlaufenden Hunde aufmerksam, gibt mir ein Pfefferspray in die Hand, das er zu seinem Schutz immer auf Spaziergängen bei sich trägt. Und das als Mann und als Spanier! Nun hab ich es 100%ig - mit den Hunden ist nicht zu spaßen. Das Pfefferspray kommt wie gerufen.

Kurz darauf weisen die gelben Pfeile in ein Getreidefeld hinein. Mit äußerst schlechtem Gewissen stapfe ich durch das frischgrüne Wintergetreide. Auf der anderen Feldseite hält ein Traktor an, der Fahrer spring aus der Kabine und wartet auf mich. Noch bevor er etwas sagen kann, entschuldige ich mich mehrmals für mein Verhalten. Wegen meiner Sprachprobleme habe ich große Mühe ihm verständlich zu machen, warum ich seinen Privatbesitz unerlaubt betrete und seine Feldfrucht niedertrampele. Ich zeige ihm das Folleto, hoffe, dass er an der Pfeillinie selbst erkennen wird, in welchem Dilemma ich mich befinde. Von Pilgerschaft hat er noch nie gehört, kann kaum glauben, dass ich all die Etappen zu Fuß zurücklege. Sein Mitfahrangebot auf dem Traktor muss ich leider ablehnen (Pilger gehen nun mal zu Fuß), aber immerhin entspannt das die Situation sehr.

Nach einem wunderschönen Wandertag erreiche ich das Ziel der ersten Etappe, San Pedro de la Nave. Irgendwie hatte ich vorausgesetzt, an einem Etappenende eine Unterkunft vorzufinden. Nach der gefragt, bringt man mich zum Bürgermeister, der wenig interessiert die riesige, eiskalte Festhalle aufschließt und wortlos wieder verschwindet.

Zum Glück stoße ich vor der historisch so bedeutsamen Kirche, die wohl der Publikumsmagnet hier am Ende der Welt ist, auf die einzige Bar im Ort, die offensichtlich nur deshalb existiert. Wieder begegne ich Menschen, mit denen es meine Landsleute gutgemeint haben müssen, was jetzt zu mir zurückfließt. Juan, der Wirt, und sein Freund Rafa bringen mir eine Matratze plus Bettzeug und Wolldecke in die möbellose gelb-rosa gestrichene Halle, die den Charme einer Leichenhalle versprüht. Unter mir 165 qm polierter Waschbetonboden, über mir eine langweilige Flaggenwimpelleine aber in mir das beglückende Gefühl einer wohlwollenden Begegnung.

Am frühen Morgen nehme ich die zweite Etappe in Angriff. Juan beschreibt mir, an der wievielten Abzweigung außerhalb des Ortes der Pilgerweg sich fortsetzt. Ich meine mich auf dem richtigen Weg, finde aber keine Markierung. Also wieder zurück. Versuche es noch mit zwei weiteren Abzweigungen - vergebens. Stunden vergehen. Völlig fertig kehre ich zur Bar zurück. Dort machen gerade Kirchenbesucher aus Nordspanien halt. Sie nehmen mich in ihrem Auto mit nach Muelas del Pan, helfen mir damit sehr, nur habe ich mir meinen Pilgertag so natürlich nicht vorgestellt.

Bei den traumhaften Ausblicken auf das felsige Staubeckenbett des Ricobayo sind die vergeblichen Mühen vom Morgen bald vergessen. Hinter Ricobayo soll sich der Pilgerweg laut Folleto teilen - westlich nach Fonfría, östlich nach Samir de los Caños verlaufen. Mir begegnet keine Abzweigung und so folge ich den gelben Pfeilen vertrauensvoll, egal wohin sie mich bringen. Durch einsamste, traumhafte Bergwälder geht es nach Cerezal de Aliste.

Erschöpft und hungrig komme ich dort an und die einzige Bar der kleinen Ortschaft wird gerade geschlossen. Aber Ana, die junge Barfrau, nimmt mich mit zu sich nach Hause und teilt ihr Mittagessen mit mir. Großzügige und hilfsbereite Menschen wie Ana sind mir überall entlang des Pilgerweges begegnet. Ohne sie wäre ich nicht durchgekommen.

In Fonfría schließt mir der Bürgermeister einen Abstellraum im Rathaus auf, wo ich auch auf dem blanken Steinfußboden schlafen darf. Wenn es Sommer wäre, hätte ich mir sicher etwas einfallen lassen, aber jetzt, wo die Temperaturen nachts noch unter Null sinken, hole ich mir auf dem kalten Boden was weg. Frage in Privathäusern nach einer simplen Liege für eine Nacht, selbstverständlich für gute Bezahlung. Als niemand bereit ist, mir ein Obdach zugewähren, bitte ich den Padre um Hilfe. Er will sehen, was er tun kann, spricht mehrere ältere Damen an, die der Kirche nahe stehen. Stunden vergehen, bis eine der Damen auf mich zukommt, mir übers Haar streicht, mich auf beide Wangen küsst und verschwindet. Was ist hier los, frage ich mich verwundert. Und als eine andere wissen will, wer denn für meine Kost und Logie aufkommt, reicht es mir. Alles, was ich brauche, ist etwas zum Drauflegen und eine Wolldecke zum Zudecken. Diese Leute scheinen überhaupt nichts von Pilgerschaft zu verstehen. Bloß weg von hier. Das Gefühl anderen eine Last zu sein ist unerträglich.

Verbrachte die Nacht in dem für Pilgerverhältnisse viel zu feudalen Hotel Lajafriz in Fornillos de Aliste. Auf dem Parkplatz steht ein Kleinbus, der mir in anderen Orten schon aufgefallen war. Auf ihm sind in Strichmännchenform ein Mann und eine Frau abgebildet, durch ein Gleichheitszeichen verbunden. Das Ganze ist tatsächlich überschrieben mit dem Satz: Männer und Frauen sind gleich. Anscheinend eine Kampagne von staatlicher Seite. Wie nötig die im ländlichen Spanien ist, davon kann gerade ich als allein reisende Frau ein Lied singen.

Weil ich gestern schnurstracks Straße ging, kann ich den Anschluss an den weiterführenden Pilgerweg nicht finden. Soll der Landstraße folgen. Ehe ich mich versehe, bin ich schon in Samir de los Caños gelandet. Nur nicht ärgern, dann nimmst du eben ab jetzt die östliche Route des Pilgerweges, sage ich mir. Aber hier kann mir niemand den Weg weisen. Kriege Zweifel, ob es den überhaupt gibt. Also alles wieder zurück. Ein Barmann in Fornillos fertigt mir, als meine Verzweiflung nicht größer mehr sein kann, eine kleine Skizze an, mit der ich aus dem Ort herausfinde.

Mannshohe Heidebüsche in voller lilafarbener Blüte, vereint mit knallgelben Ginstersträuchern, bestimmen über viele Kilometer das Bild. Sie lassen mich alles Verdrießliche vergessen. Dann lösen Ackerflächen die Naturlandschaft ab. Etwas auf die Distanz schwer Auszumachendes wirkt fremd auf das Auge. Beim Näherkommen entpuppt sich der helle Fleck als eine Herde Schafe, die mit eisernen Stellzäunen so eng eingepfercht sind, dass ihnen jegliche Bewegungsmöglichkeit genommen ist. Laut einsetzendes Hundegebell hält mich davon ab, über Sinn und Zweck dieser Maßnahme weiter nachzudenken. Auf einmal habe ich fünf gewaltiggroße Hunde vor mir, die mir mit Drohgebärden kundtun, dass hier kein Durchkommen ist. Schritt für Schritt - ohne sie aus den Augen zu lassen - trete ich den Rückzug an. Von irgendwoher sind Traktorengeräusche zu hören. Ein Bauer pflügt sein Feld. Über den unwegsamen Umbruch schlage ich mich an die frische Furche heran und warte auf die sich nähernde Zugmaschine. Das sind nicht seine Schafe und auch nicht seine Hunde, lässt mich der Bauer wissen, offenbar durch Schilderung meiner Bedrohungssituation in Erklärungszwang geraten. Ob er mich mit dem Traktor an der Gefahrenquelle, sprich den Hunden, vorbeifahren würde, frage ich ihn. Er tut es. Will ihn für seinen Einsatz entschädigen, aber er nimmt, offensichtlich peinlich berührt, das Geld nicht an. Mit einem freundlichen Klaps befördere ich den Geldschein auf sein Hosenbein und füge hinzu: "Für ein Bier heute Abend in der Bar!" Meine Krankenkasse wird es mir danken. Besser hätte ich in meine Gesundheitsfürsorge gar nicht investieren können. Und der Nebeneffekt, dass nämlich die Gefährlichkeit der freilaufenden Hunde mal thematisiert wird, fällt mir erst später auf. Es mag den Tierbesitzern gar nicht bewusst sein, dass sie mit ihrer Hundehaltung das Leben ahnungsloser Wegbenutzer gefährden. Der Schreck steckt mir noch lange in den Knochen. Gott sei Dank hatten mir die Hunde einen Fluchtweg offen gelassen, sonst wäre ich wohl verloren gewesen.

Wieder ist es die zauberhafte Landschaft, die mich schnell alle Seelenpein vergessen macht. Am Anfang von Alcanices hört die Pilgerwegmarkierung auf einmal auf. Schade, es kostet viel Kraft und Mühe, sie am Ortsausgang wiederzufinden. Dann geht es außerhalb von Alcanices an einem Waldrand entlang, wo vermutlich durch Rodung viele gelbe Pfeile mit den sie tragenden Bäumen verschwunden sind. Nach mehreren Anläufen finde ich dann doch weiter. Es geht über Stock und Stein. Ich muss volles Vertrauen in die gelben Pfeile setzen. In zehn km soll laut Folleto der nächste Ort, Sejas de Aliste, erreicht werden. Ein kleiner Fluss strömt mitten durch den Ort. Er überspült die Dorfstraße, an deren Rand ein paar Poller für Fußgänger stehen. Ziehe meine Stiefel aus und halte meine Füße in das erfrischende Nass. Ein Hund unterbricht sein Sonnenbad, kommt zu mir hergetrottet. Weil ich auf dem flachen Poller sitze, treffen sich unsere Augen in gleicher Höhe. In den Augen des Tieres liegt Wärme und Zuneigung und wie ich gedanklich damit beschäftigt bin, man solle nicht generalisieren - DIE Hunde in Spanien - leckt er meine Füße ab. Anschließend setzt er sich zu mir auf den Poller. Ich kann nicht anders als ihn liebevoll streicheln. Aus den Mauerritzen des eingefassten Flussbettes vor mir sprießen Farne und Wildblumen hervor und auf dem Wasser blüht der Hahnenfuß. Ein kleines Paradies zum Träumen.

Während ich mich langsam auf den Weg mache, die uralte Bauweise in Sejas de Aliste bestaune, mit einer alten Frau, die Feuerholz in einem Knick schlägt, ein Schwätzchen halte, denke ich noch, mein neuer Hundefreund schnüffelt hier und da mal und wird sich alsbald heim trollen. Weit gefehlt: Er rückt mir nicht von der Seite, tut so, als würden wir beide zusammen gehören und das schon ein Leben lang. Mit jedem Kilometer wird mir die Sache unheimlicher, fordere ihn auf zurückzulaufen, was aber alles nichts hilft. Im Gegenteil, je mehr ich mich für ihn verantwortlich fühle, desto selbstverständlicher läuft er neben mir her. Von irgendwoher taucht ein wilder Hund auf. Als der meinen Begleiter sieht, klemmt er den Schwanz ein und macht sich davon. In Trabazos wird mir die Sache richtig unangenehm, dazu die Sorge, er könnte auf der Straße zu Schaden kommen. Setze mich in die Kirche. Vielleicht läuft er ja wieder nach Hause, wenn er mich aus den Augen verliert. Die Rechnung habe ich ohne meinen Beschützer gemacht. Der sitzt nämlich schon längst hinter mir. Zum Glück nicht auf der Kirchenbank sondern zwischen der und meiner Lehne. Der Pfarrer fragt mich, ob ich meinen Pilgerpass gestempelt haben möchte. Sehr gerne. Aber meinen Hund dürfe ich nicht mit ins Pfarrhaus nehmen. Erzähle ihm die Story dieser sonderbaren Liaison und von meiner Sorge, er werde mir weiter folgen. Morgen nach Portugal. Während ich im Pfarrhaus bin, muss das Tier vor der Gartenpforte warten. Wir treten aus dem Haus und siehe da, mein Freud hat sich selber die Pforte geöffnet und wartet an der Haustür auf mich. "So was hab ich noch nie erlebt," sagt der Pfarrer. Er macht den Vorschlag mich mit dem Auto ins Hostal zu fahren, damit der Hund meine Spur verliert.

Diese Nacht mache ich kein Auge zu. Die Gedanken erschlagen mich. Das wonach ich mich am meisten sehne, hat mir dieses Tier entgegengebracht. Und ich? Ich hab nur die Schwierigkeiten gesehen, die ich mit ihm habe.

Am nächsten Morgen führt mich die verlässliche Markierung hinaus ins Feld. Ein flacher Findling mit gelbem Pfeil drauf ist vermutlich von Pflugscharen verschoben bzw. verdreht worden. Alle in Frage kommenden Richtungen laufe ich ab, viele Kilometer umsonst, bis ich bei der Überquerung der Nationalstraße auf den nächsten gelben Pfeil stoße - auf einem ausrangierten, weggeworfenen Küchenherd!

Portugal

Der bezaubernde Abstieg nach San Martín del Pedroso, das Kirchlein dort und der weitere Weg über die Puente International mit Aufstieg nach Quintanilha werden mir unvergessen bleiben. Mehr noch das verträumte Dorf Refega, wo Bauern noch mit Ochsengespann, das sich bei genauerer Betrachtung als Kuhgespann entpuppt, pflügen. In Europa, im Jahre 2004!

Auch Esel werden noch vor Fuhrwerke gespannt

Dann führt mich der Pilgerweg durch ein Tal, wo ich nur noch staune: Beiderseits eines sich lieblich durch saftige Wiesen windenden Baches erstreckten sich Teppiche von Kissenprimeln, den Frühlingsboten schlechthin. Dazu weiße Blütenmeere des Hahnenfußes auf dem Wasser und eingestreute blaue Flecken von Duftveilchen zwischen den Gehölzen. Angesichts dieser überwältigenden Schönheit der Natur kann ich nur demutsvoll meinen Tränen freien Lauf lassen.

An Palacios und Babe vorbei zieht sich mein Weg stetig höher und höher. Die gelben Pfeile werden seltener. Jedem einzelnen bekunde ich leise meinen Dank. Sich hier oben in der Einsamkeit der Berge zu verlaufen, stelle ich mir entsetzlich vor. Nach einigen in Unsicherheit marschierten Kilometern endlich wieder ein gelber Pfeil: auf einem Autowrack! Dann ist der höchste Punkt erreicht, der Ausblick überwältigend. Der viele Kilometer lange, teilweise steil absteigende Weg nach Gimonde liegt klar und deutlich vor mir, könnte sogar auf die Markierung verzichten, die aber das beruhigende Gefühl von Sicherheit erzeugt.

Im hübschen Gimonde mit seinen uralten Brücken muss ich erst mal rasten, ohne Kaffee geht nichts mehr. Die Besitzerin der Bar, gleichaltrig mit mir, ist fasziniert von meinem Abenteuer. Sie möchte alles mögliche wissen. Zum Glück spricht sie spanisch, sonst wäre ich jetzt hoffnungslos verloren. Im Verlauf unseres Gesprächs findet sich der Inhalt meines Rucksacks auf dem Tisch wieder, denn sie möchte sehen, was man bzw. frau bei so einer Unternehmung dabei hat. Aber warum gehe ich ohne Stock? Eine Freundin der Wirtin, die an unserem Gespräch teil hat, verschwindet für einen Moment und kommt mit einem rustikalen Pilgerstock, den sie irgendwo im Feld gefunden hat, wieder. Den kann ich kurz darauf als mich Hunde einen Hofplatz nicht passieren lassen wollen, schon einsetzen.

Bis Braganza geleiten mich die Pfeile noch sicher weiter, aber vor dem Schloss ist dann Schluss. Im Gebäude gegenüber frage ich nach der Pilgerunterkunft und treffe, wie der Zufall es manchmal will, auf eine Touristenführerin. Sie kennt sogar das Folleto von Don Alfonso. Es liegt in Ihrem Büro in der City aus. Eine Pilgerherberge, wie Quintanilha sie hat, gibt es in Braganza nicht, aber im Santa Casa Da Misericordia kümmert man sich gern um die Pilger, erzählt sie mir und macht mir eine kleine Skizze, um dorthin zu finden. In dem großen gepflegten Innenhof der vielen Gebäude des Heiligen Hauses der Barmherzigkeit muss ich mich für einen Eingang entscheiden. An der Anmeldung wartend wird mir bald klar, ich bin doch tatsächlich wieder in einem Alten -und Pflegeheim gelandet. Die Veronicaah-Veronicaah-Rufe dringen aus der Erinnerung an mein Ohr. Mir wird flau im Magen. Was soll ich tun? 30 km liegen hinter mir, ich bin erschöpft und kraftlos. Schwester Anna-Maria nimmt mich unter ihre Fittiche. Ob ich erst duschen und dann essen möchte, fragt sie. Wie könnte ich noch Ansprüche stellen? Selbstverständlich ist das so recht, wie sie es einrichten kann. In einem Nebenraum der Küche werde ich zu einer schätzungsweise 35jährigen Portugiesin an den Tisch gesetzt. Ein reiner Glücksfall für mich, denn diese Frau hat auch ein paar Jahre in Afrika gelebt, spricht ausgezeichnet englisch. Mal wieder drauflos plaudern - wie mir das gut tut! Schnell haben wir aber Ernsteres am Wickel, nämlich den Grund ihres Hierseins. Sie musste Hals über Kopf aus der Wohnung ihres Lebensgefährten fliehen. Der hat sie geschlagen und schwer misshandelt. Die Schwestern brachten sie in einem Haus außerhalb dieser Anlage unter, wo auch eine andere Frau mit drei kleinen Kindern vor ihrem prügelnden Ehemann Zuflucht gefunden hat. Sie vermutet, dass ich dort beherbergt werde.

Die Stunden vergehen, ich sitze mit den alten Leuten im Aufenthaltraum. Einige der alten Damen interessieren sich für meine Pilgerei. Ich mache ihnen die Freude mich so anzuziehen, wie ich draußen unterwegs bin und setze auch das Backpack auf. Sie wollen sich totlachen. Miteinander lachen schafft Vertrauen und so fragen sie mich nach meinem privaten Leben und ich nach ihren. Wir haben einen wunderbaren Abend, der damit endet, dass ich in ihrem Kreis einschlafe. Auf einem kunstledernen Sofa mit einem mir liebevoll unter den Kopf gelegten Kissen.

Spät in der Nacht nach ihrem Dienst im Pflegeheim bringen mich Schwester Anna-Maria und Schwester Meria in dem Frauenhaus unter. Sie überziehen mir ein Bett, versorgen mich mit Handtüchern, Duschgel und Proviant, von dem ich drei Tage zehren kann. So dankbar ich bin, schämte ich mich sehr, diesen beiden aufopferungsvollen Frauen zu ihrer ohnehin schon kräftezehrenden Arbeit noch zusätzlich Mühe zu machen.

Eine Schwester schließt zwei Türen und ein schweres Eisengitter auf, um mich hinauszulassen. Von der Straße aus sehe ich die vergitterten Fenster. Sicherheitsmaßnahmen, für die man seine Gründe haben wird, aber ich mag nicht daran denken, was ist, wenn in dem Haus ein Feuer ausbricht. Kriege nachträglich noch Platzangstprobleme bei der Vorstellung die Nacht eingesperrt gewesen zu sein.

Eisigkalt ist es heute morgen, aber die Sonne verspricht einen schönen Tag. Dem Wegverlauf im Folleto folgend frage ich mich bis zu den mittelalterlichen Klosterruinen von Castro de Avelas durch, gelbe Pfeile gibt es keine. Gleich hinter den Ruinen der Schock: Drei große Hund stürmen auf mich zu, einer fällt mich an. Im letzten Moment kann ich mich durch eine Pforte in einen privaten Garten flüchten, wo mich der nächste Hund bedroht. Hier aber zu Recht, denn ich bin in sein Territorium eingedrungen. Ich weiß nicht mehr ein noch aus. Wie lange halte ich die ständige Gefahr durch frei laufende Hunde noch aus?

Ein Bauer kommt nach Hause, die bissige Meute trottet ihm hinterher wie harmlose Lämmer. Ich setze meinen Weg fort. Ob es der richtige ist, weiß ich nicht, Markierungen gibt es keine. Kurz vor der Nationalstraße muss ich über einen Schrottplatz ausweichen, weil mich ein Hund nicht passieren lässt. Endlich ein Markierungspfeil, es geht über die Straße hinweg weiter. An einem Steinbruch vorbei führt der nun markierte Pilgerweg über einige Kilometer auf einer asphaltierten Straße weiter. In dem kleinen urigen Dorf Cobeiros zeigen gleich zwei frische gelbe Pfeile den Wegverlauf an, einer auf dem hölzernen Ortsschild, der andere etwas weiter rechts auf einem dicken Baumstamm. Folge ihnen, bzw. der Straße nach Espinhosela, immer mit dem suchenden Blick nach der Abzweigung nach Portela, dem nächsten Ort im Folleto. Nach einer Weile kommen mir Zweifel, ich halte ein Auto an. Der Fahrer nimmt mich mit zurück nach Cobeiros, meint, ich solle im Ort nach dem richtigen Weg fragen. Werde gerade durch den Ort geschickt. Aber warum zeigen die Pfeile nach rechts, wenn der richtige Weg geradeaus verläuft? Zwei, drei Kilometer nach Ortsende halte ich an. Vor mir eine endlose Weite von Bergen und Tälern. Nein, ohne die Pilgerwegmarkierung wage ich mich dort nicht hinaus. Gehe wieder ins Dorf zurück, bitte verschiedene Leute um Hilfe. Bald weiß jeder im Dorf, dass es eine Fremde hier gibt, die nach gelben Pfeilen sucht. Pilger scheinen die Leute noch nie gesehen zu haben. Immer neue Wegalternativen werden mir vorgeschlagen, ich bin bald am verzweifeln. Dann rollt ein dunkelblauer Mercedes heran. Der Fahrer studiert das Folleto. Seinem Rat folgend setze ich mich in sein Auto und lasse mich an die Nationalstraße bringen. Enttäuscht und entmutigt folge ich dieser. Bis jetzt hat es zwar unterbrochene Markierungen gegeben, ging aber immer richtig weiter. Aber diesmal führten die Pfeile in die Irre. Das hätte ins Auge gehen können. Don Alfonso, was sagen Sie denn dazu? Sie sind hier doch marschiert.

Frage mich, wie es weiter gehen soll. Das ganze Stück bis Vinhais auf der Straße? Dann plötzlich entdecke ich einen gelben Pfeil auf der Teerdecke. Ist ihm zu trauen? Ich tue es und werde belohnt. Ein wunderschöner Weg führt über Soeira und eine mittelalterliche Brücke wieder an die Nationalstraße heran. Diese muss überquert werden, dann leitet die Markierung steil hinab an ein steiniges Flussufer. Und genauso steil aber wesentlich anstrengender geht es wieder hinauf. Ein Neubau mit herunter gelassenen Jalousien kommt in Sicht. Auf gleicher Höhe schießt ein riesiger, schwarzbrauner Hund aus der offen stehenden Toreinfahrt heraus, schneidet mir mit gefletschten Zähnen den Weg ab. Sich wie eine wilde Bestie gebärdend kommt er näher und näher. Ich rufe laut um Hilfe, aber es ist niemand weit und breit, der mich hören könnte. Der Hund ist kurz davor mich anzufallen. Was soll ich tun? Der Griff zum Pfefferspray wird vielleicht genau die Bewegung sein, die ihm noch fehlt, um mich anzufallen. Die Angst schlägt mir bis zum Halse, lässt mich bis zur Bewegungslosigkeit erstarren. Über 20 Minuten hält mich das Tier in Schach.

Als der 'Alptraum' sich endlich auf das Grundstück seines Halters verzieht, setze ich meinen Weg vorsichtig fort. Ich muss hemmungslos weinen, die ungeheuer große Anspannung löst sich. Arm- und Beinmuskeln flattern, als würde ich zum Flug abheben. Wieder bei Sinnen, bringe ich meinen tiefen Dank für meine Unversehrtheit vor den Altar der mich umgebenden einzigartigen Natur.

In Vila Verde erfahre ich, dass es keine andere Möglichkeit gibt nach Vinhais zu gelangen als auf der Nationalstraße. Das bezeugen auch die gelben Pfeile auf der Teerdecke, obwohl im Folleto ein ganz anderer Verlauf des Pilgerweges eingezeichnet ist. Erschöpft aber froh, diesen abenteuerlichen Wandertag wohlbehalten abzuschließen, beziehe ich mein pilgergerechtes Zimmerchen in der Pensao Ribeirinha. Die Wirtin ist zauberhaft, macht mir ein gutes Pilgeressen, wobei schon die Flasche schweren Rotweins das kosten dürfte, was sie mir insgesamt abnimmt. Auf der Treppe kommt mir schon der Gedanke, es vielleicht nicht der ganzen Flasche aufgenommen haben zu sollen. Dann erst der Läufer im ersten Stock, ein 8 bis10 m langes besenartiges Etwas, das bei jedem Schritt seine widerspenstigen Borsten zur Seite biegt. Ein Gehgefühl wie auf einem schaukelnden Schiff, einfach zuviel für meine Verfassung. Breit grätschend lege ich den Weg zum Korridorende, wo sich mein Zimmer befindet, zurück - ohne das strubbelige Monster zu berühren.

Gegen fünf Uhr schrecke ich auf. Realisiere meinen Traum: Eine massige, schwere Barkasse mit meinem ganzen Hab und Gut an Bord liegt ruhig und friedlich in einem kleinen Binnenhafen, in dem ohne ersichtlichen Grund das Wasser Zentimeter für Zentimeter steigt und mein Schiff versenkt.

Auf den Schreck meldet sich meine Blase. Versuche die Tür aufzuschließen, aber das Drehschloss nimmt den Riegel nicht mit zurück. Versuche es noch mal und noch mal. Oh mein Gott, bitte hilf mir! Von Panik ergriffen laufe ich zum Fenster, schaue hinter Gardine und Rollo - das Fenster ist zugemauert. Aber da ist ein zweites Fenster - das gleiche. Zurück zur Tür. Schiebe mit aller Kraft mit den Fingerspitzen der rechten Hand den Riegel des Schlosses Millimeter für Millimeter zur Seite und befreie mich aus meinen Gefängnis.

Am Morgen verwöhnt mich die Wirtin mit heißem Kaffee und Honigbroten. Und das, obwohl sie nicht weiß, was ich die letzten 24 Stunden durchgemacht habe!

Versuche den weiterführenden Weg nach Soutelo zu finden. Enttäuscht ende ich wieder auf der Nationalstraße, es gibt keinen nördlich von ihr verlaufenden Weg wie in dem Folleto eingezeichnet. Von Soutelo nach Sobreiro kann man auch nur der Straße folgen. Pfeile gibt es nicht. In Sobreiro wandere ich dann mutig in die Berge hoch. Der nächste Ort im Folleto, Aboa, ist mein Ziel. Da die Pilgerwegeinzeichnung die N-103 kreuzt, entscheide ich mich bei allen Weggabelungen für die Alternative, die in Hörweite der Nationalstraße verläuft. Nach der Straßenquerung wähle ich nach meinem Gefühl einen steil ansteigenden, parallel zur Straße verlaufenden Feldweg. Dieser endet an einem frisch umgebrochenen Acker, auf dem höchsten Punkt des zu überwindenden Bergzuges. Zu meiner großen Überraschung finde ich dort oben einen gelben Pfeil- mitten im Weg auf einen Findling gemalt!

Suche mir einen Weg hinunter zur N-103. An der Abzweigung nach Aboa taucht unerwarteterweise wieder eine Markierung auf und nach Candedo raus weitere. Links in den Ort hinein soll abgebogen werden, aber da mich aufgebrachte Hunde nicht passieren lassen, gelange ich mehr oder weniger zufällig um Candedo herum zu der gewaltigen Schlucht, die es laut befragter Dorfbewohner zu bewältigen gilt, will man Edral erreichen. Während des langen Schleifenlaufens bis zur Brücke des 18.Jahrhunderts hinunter habe ich den aufsteigenden Weg auf der anderen Seite immer deutlich vor Augen. Als ich aber das malerische Tal hinter mir lasse, keinen Überblick mehr habe, weiß ich nicht mehr, ob ich noch richtig bin. Mehrmals führen nach Gabelungen verschiedene Wege hinauf. Was, wenn ich den falschen zufassen habe, der mich nicht nach Edral sondern irgendwo in die Wildnis führt? Wieder lässt mich die Pilgerwegmarkierung im Stich.

Meine Kräfte lassen nach. Dieser Aufstieg ist die größte physische Herausforderung des gesamten Via de la Plata. Zu meiner großen Freude kommt das Auto, das unten an der Brücke parkte, meinen Weg herauf. Viel erklären muss ich den drei Anglern nicht, sie sehen mir meine Erschöpfung an, nehmen mich die letzten Kilometer bis nach Edral mit. Von einem Pilgerweg in dieser Gegend haben sie noch nicht gehört. Aber zum Glück weiß eine ältere Frau Bescheid, die mich wenig später im Ort nach den Pfeilen suchen sieht. Sie führt mich außerhalb des Dorfes auf einen Weg, eine Kuhdrift, der ich nur zu folgen habe, wie sie meint, mich dabei aber immer rechts halten soll. An der ersten Gabelung halte ich mich rechts und ende hoffnungslos verloren in undurchsichtigem Strauchwerk. Bis zur Ermattung biege ich Äste und Zweige zur Seite, innigst hoffend auf dem richtigen Weg zu sein. Es ist schon spät, ich muss vernünftig sein und umkehren. Vor Verzweiflung laufen die Tränen. Da taucht aus dem Nichts ein Bauer auf, der besorgt nach den Gründen meines sichtbar schlechten Zustandes fragt. Er spricht sogar deutsch, beruhigt mich, erklärt mir langsam und deutlich wie ich gehen muss, um das Etappenziel Segirei zu erreichen. Kurz hinter der Gabelung, an der ich falsch abbog, kratzt er mit dem Fuß einen Stein frei und siehe da, zu meiner großen Überraschung kommt ein gelber Pfeil zum Vorschein. Mit neuem Mut marschiere ich weiter. Landschaftlich ist dieser Abschnitt so wunderschön, dazu die zauberhafte Stimmung des sich neigenden Tages, alles Schwere fällt nur so von mir ab.

Dann die große Enttäuschung: In Segirei gibt es weder eine Bar, wo man sich stärken kann, noch eine Unterkunft. Was kann ich anderes tun als mit den Resten meiner Kraft weiter zu laufen. In Soutochao, es wird schon dunkel und die Temperaturen bewegen sich dem Nullpunkt entgegen, kommt doch tatsächlich noch ein Auto. José-Luis, ein spanischer Student auf dem Weg nach Verin, rettet mich vor dem Hunger- und Kältetod. Und er kennt auch noch die Pilgerherberge in Verin, die in dem wunderschönen, alten Herrenhaus Casa do Asistente untergebracht ist, setzt mich davor ab. Da haben meine Engel aber ganze Arbeit geleistet.

Galizien

An der Tür klebt ein Zettel mit der Telefonnummer vom Concello de Verin. Es ist schon nach neun, ob das noch was wird? Betrete die Bar gegenüber. "Die kommen immer, da muss man nur anrufen", bestätigt mir die Riege der Männer auf ihren Barhockern. Ich soll mich ruhig setzen, sie machen das schon. Der Wirt fährt derweil alle Reste auf, die so spät noch aufzutreiben sind, und ich stille genüsslich meinen Hunger. Alle Augenblicke beugt sich einer der Herren mit Blick zur Tür nach unten und manchmal auch mehrere gleichzeitig. Das sieht zum Brüllen aus. Erst nach einer Weile kriege ich den Sinn und Zweck dieses Schauspiels mit. Die Tür hat in der Mitte und oben Milchglas, nur im unteren Teil kann man durchgucken. Die Männer schauen, ob der Schlüsselbringer vom Concello schon vor der Herberge steht. Für mich tun sie das. Es rührt mich sehr.

Die Herberge ist das feudalste an Pilgerunterkunft, das mir begegnet ist. Ach ja, befinde mich ja in Galizien, der Region Spaniens, die vom Pilgertourismus richtig profitiert. Bin nur froh hier zu sein, zurück in Spanien. Die Menschen in Portugal waren zauberhaft zu mir, ohne Frage, nur haben sie die Pilgerei nicht im Bewusstsein, wodurch all die Probleme erwachsen, die es mir so schwer gemacht haben.

Am Morgen klatscht mir der kalte Wind ins Gesicht. Nasse Haare und keine Bar zum Aufwärmen zu finden. Es ist schon wieder Sonntag, der Tag mit Totalverschlussgebot. Suche mir die Landstraße nach Laza. Dort will ich an den Jakobsweg meines Wanderführers wieder anschließen. Die Landstraße ist wenig befahren, es geht sich ausgezeichnet. Allerorts arbeiten Menschen in ihren Gemüsegärten. Ich befinde mich im fruchtbaren Tal von Monterrei. Auf meinen Gruß folgt zu 100% die Frage: Bist du allein? Eine Frau bekreuzigt sich bei meiner Antwort. Verstehe das so, dass Gott sie vor dem Wahnsinn einer solchen Tat bewahren möge.

Nach ca. 2/3 des Weges die große Überraschung: ein Meilenstein mit blaugelber Jakobsmuschel. Die Strahlen zeigen links auf einen Feldweg. Der führt in ein verträumtes Dorf. Ein dickbäuchiger, schmieriger Zeitgenosse mit überzogenem Interesse an meiner Person stellt die Standardfrage. Aus dem Bedürfnis nach Selbstschutz gebe ich ihm zurück: Wir sind eine Gruppe, der Rest kommt noch. Darauf folgt ein akzeptierendes Gemurmel seinerseits, alle Probleme sind aus der Welt geschafft.

Unter dem sicheren Geleit der galizischen Jakobusgesellschaft nähere ich mich Laza. Eine frisch asphaltierte, überdimensionierte Straße führt in den Ort hinein.

Weder zu ihr noch zu den auffallend großen und modernen Neubauten will die kleine Kuhherde nebst radelndem Bauern passen, die mir entgegen kommt.

Mit Entfernungsangabe von 1.300 m wirbt ein Restaurant für sich. Möge es den Sonntag nicht heiligen, mir eine Tasse Café con leche vergönnt sein. Kaum habe ich es betreten, nicht ohne dessen außergewöhnlichen Fußmattenersatz (aneinander geklebte Bierflaschenverschlüsse) benutzt zu haben, taucht eine Gruppe spanischer Pilger auf. Die habe ich förmlich herbeigelogen! Meine Freude ist groß, bin ich doch seit über einer Woche keinem Vertreter meiner Zunft mehr begegnet. Wir tauschen unsere Erlebnisse aus. Sie, die drei Männer und eine Frau, haben sich auch die Via de la Plata in Portionen vorgenommen aber ohne Abzweig Portugal. Als aktive Sportler wandern sie bis zu 60 km am Tag, sehen die Pilgertour als sportliche Herausforderung an.

Im Rathaus beim Protección Civil bekommen wir die Schlüssel für die wunderschöne, sehr moderne Herberge, die hoch oben über Laza thront. Gewaschen und gestriegelt mache ich mich auf die Suche nach einem Abendessen. Komme in einer kleinen Gasse mit Einheimischen ins Gespräch. Sie verabschieden gerade eine große Gästeschar und verfügen, wie sich herausstellt, über jede Menge Essensreste.

Wie ich mich über ihre Einladung freue! Ein großer Topf mit dampfendem Kohl, darin Kartoffeln und rosiges gepökeltes Fleisch, kommt auf den Tisch. Francisco und seine Frau Milagros erzählen mir von ihrer Familienfeier, leider konnte ihre Tochter, die in Paris lebt, nicht dabei sein. Sie beide reisen gern, daher auch die spontane Offenheit mir gegenüber. Und als Milagros mir ihren zauberhaften, in altrosa gehaltenen Salon zeigt, glaube ich, sie so zu verstehen, dass auch sie sich im Ausland immer wünscht, mal sehen zu dürfen, wie es in den Häusern der Menschen aussieht.

Auf dem Heimweg zur Herberge hält der junge, überaus fürsorgliche Bedienstete der Protección Civil mit seinem Dienstwagen neben mir, fragt, ob alles in Ordnung sei. Meiner Bitte nach einer Wolldecke wird sofort entsprochen. Freundlicher als in Laza kann man als Fremder gar nicht aufgenommen werden. Ich kriege Probleme mit meinen Waagschalen. Wenn ich nicht bald etwas in die andere werfe, halte ich das Ungleichgewicht nicht mehr aus.

Für Pilger ist immer dann die Nacht zu Ende, wenn die robustesten unter ihnen aufbrechen, da hilft in einer hellhörigen Herberge auch Einzelbelegung der Mehrbettzimmer nichts. Es ist 6:00, noch stockdunkel und draußen dürften Minusgrade herrschen, aber das hält die spanischen Athleten nicht vom Aufbruch ab. Sie haben gestern fürs Frühstück vorgesorgt, dabei auch an mich gedacht. Das Fläschchen Kakao mache ich mir in der komplett eingerichteten Herbergsküche warm. Nun kann mir die Kälte egal sein.

Die digitale Zeit- und Gradanzeige im grünen F der Apotheke (Farmacia) bestätigt meine Vermutung: -1°. Meine Hand erstarrt am Pilgerstock, aber ich bin zuversichtlich, dass die Sonne, die sich schon zeigt, einen herrlichen Tag erwarten lässt. Schnelles Gehen hilft gegen die Kälte. Vor mir auf der Straße ein überfahrenes Tier. Gucke zweimal hin; kaum zu glauben, eine Eidechse von ca. 60 bis 70 cm Länge. Hätte nicht gedacht, Exemplare dieser Größe in Spanien anzutreffen. Auch das kann Pilgern: Wissen erweitern. Auf den Wiesen liegt Raureif. Stück für Stück erobern sich die Sonnenstrahlen das Terrain. An diesen Konditionen hätte Pfarrer Kneipp sein Wohlgefallen. Nun mal im Ernst, welchen Härten sind die Menschen hier ausgesetzt. Heizungen gibt es doch nur in den Neubauten.

Höhenweg bei Laza

Bis Tamicelas, gute sieben km von Laza entfernt und auf einer Höhe gelegen, marschiert es sich hervorragend. Dann geht es hinauf in atemberaubende Höhen. Der junge Herbergsbetreuer in Laza hat schon gewusst, warum er den Pilgern einen Zettel mit der topographischen Darstellung der nächsten Tagesroute in die Hand drückt. Es sind 500 Höhenmeter zu überwinden. Über sieben Kilometer schlängelt sich der Weg durch die Einsamkeit der Berge höher und höher. Ohne den Trainingseffekt der hinter mir liegenden Strecken hätte ich das nicht geschafft. Und ohne die Gewissheit, dass man sich in Galizien auf die zwei- und teilweise sogar dreifachen Pilgerwegsmarkierungen total verlassen kann, auch gar nicht gewagt. Was mir entgangen wäre, können Worte kaum beschreiben, so wunderschön ist es hier oben.

In dem zauberhaften Gebirgsdorf Albergaría laufe ich einer Gruppe von Bäuerinnen in die Arme, die, wie soll es auch anders sein, mein alleiniges Daherkommen in Erstaunen versetzt. Wir plaudern ein wenig. Auf meine Frage, nach einem Shop (Alimentatión), folgt Kopfschütteln und die Frage was ich brauche. Pan y queso. Eine der Bäuerinnen verschwindet in ihrem Haus und kommt mit einem halben Baguette und einem Kanten Käse zurück. Wie liebenswürdig von ihr. Geld will sie nicht annehmen und die Karamellbonbons, die ich glücklicherweise bei mir habe, eigentlich auch nicht. Die stecke ich ihr in ihre Schürzentasche. Vorm Verlassen des Ortes drehe ich mich zum Gruß noch einmal um, sehe wie sie alle Bonbons auswickeln.

Der höchste Punkt, inmitten einer blühenden Heidelandschaft gelegen, entschädigt mit einem Ausblick der Superlative für alle Aufstiegsmühe. In der Ferne hinter einem Bergrücken liegt eine große Stadt, kann nur Ourense sein, direkt unter mir das flache weitläufige Limia-Tal mit kleinen und größeren Ortschaften. In welcher davon ich heute nächtigen werde, weiß ich nicht. Der Abstieg, besser gesagt das Herunterlaufen, ist einfach genüsslich. Mir kommt es vor, als hätte ich Flügel. Unten im Tal in Vilar de Barrio liegen 20 km hinter mir. Laut Reiseführer gibt es hier eine Herberge, die nächste 14 km weiter in Xunqueira de Ambia. Was tun? Es ist früher Nachmittag, an der Zeit muss die Fortsetzung der Wanderung nicht scheitern. Aber meine Kräfte, die noch vorhandenen, sollte ich realistisch einschätzen. Die Kaffeepause bringt die Entscheidung: Es geht weiter.

Im nächsten Ort bestaune ich die wunderschönen Neubauten, die sich wie eine Kette an der Straße aufreihen, als mir ein geifernder kleiner Mischling an die Hosenbeine will. "Der muss mal richtig vertrimmt werden", höre ich einen Mann in knallgrünem Overall und Schirmmütze in meiner Landssprache sagen. "Genau das wird er vermutlich erlebt haben und reagiert nun auf jeden mit Stock in dieser Weise", gebe ich zur Antwort.

Sogleich erhebt sich hinter dem Gartenzaun eine Frau aus ihrer Jät-Position und pflichtet mir bei. Es entsteht ein Gespräch. Die beiden sind erst vor fünf

Jahren von Deutschland nach Spanien zurückgekehrt, haben sich das Traumhaus, vor dem ich stehe, neu gebaut. Richtig wieder eingelebt haben sie sich noch nicht, sagen sie. Was sie, nachdem sie Deutschland kennen gelernt haben, in Spanien vermissen, ist Verlässlichkeit, Pünktlichkeit und Ordnung. In meinem Heimatland sei alles geregelt. Da musste man pünktlich am Arbeitsplatz erscheinen, aber dafür war auch das Geld mit Sicherheit auf dem Konto. Ohne Ausnahme, Monat für Monat. Davon kann man hier nur träumen.

Es wird ländlich. Die alten Maisspeicher, niedliche kleine Häuschen auf für Mäuse unerklimmbaren Granitbeinen, Hórreos genannt, geben Galiziens Gegenwart einen Touch von Vergangenheit. Großzügige landwirtschaftliche Wege verbinden die Dörfer des Limia-Tals miteinander. Sich eines nach dem anderen zu erwandern entwickelt Eigendynamik. Bauern arbeiten auf dem Feld. "Patatas?", frage ich und meine natürlich, ob sie die von mir so geschätzte Knolle pflanzen. Lächelnd halten sie inne, bestätigen meine Vermutung und fügen ein paar Sätze hinzu.

Das aus dieser und anderen Begegnungen hervorgehende Wohlgefühl gibt Anlass zum Nachdenken. Pilgert man wirklich nur mit den Füßen? Auf meinem ersten Pilgerweg im Norden war das so. Kontakt zu den Menschen, deren Erde ich unter meinen Füßen spürte, hatte ich so gut wie gar nicht. War ja immer in Eile, um mitzuhalten. Und nun halte ich an, wechsle Worte, lebe mein Interesse am anderen - pilgere mit den Füßen und der Seele.

In der Herberge von Xunqueira de Ambía treffe ich auf die spanische Pilgergruppe. Ihre anerkennenden Worte bezüglich meiner 34 km umfassenden Tagesleistung inklusive schweißtreibender Krakselpartie tun mir richtig gut. Wir besichtigen die Kirche und den Kreuzgang des einstigen Klosters Santa María (12.Jh.) zusammen, holen uns gleich nebenan im Rathaus den Stempel und lassen den Tag im einzigen Restaurant des Ortes ausklingen.

Der Letzte gibt den Schlüssel ab, hieß es gestern Abend. Ein Radpilger, der mit uns in der Herberge übernachtete, übernimmt das. Die Spanier sind zu nachtschlafender Zeit aufgebrochen. In der Nacht hat es wieder gefroren. Auf dem Trampelpfad hinunter zum Fluss Arnoya kracht das steife, raubereifte Gras unter meinen Füßen. Weil ich friere, laufe ich mehr als das ich gehe. Frieren - wie passt das zusammen mit Sonnenbrand (auf der Hand, die den Pilgerstock umfasst) und aufgeplatzten Lippen? Der Via de la Plata ist der Weg der Extreme, jedenfalls in diesem Frühjahr.

Laut Führer wird die Tour heute einem gemütlichen Spaziergang gleichkommen. Ourense liegt 650 Höhenmeter niedriger als der uns letzte Nacht beherbergende Ort. Man muss nur der Landstraße folgen. Grauweißer Qualm steigt aus dem Kessel, in dem Ourense liegt, auf, bildet ein gewaltiges Wattepaket, das aus 20 km Entfernung schon sichtbar ist. Befürchte einen Großbrand, aber dann gehe ich im Industriegebiet direkt auf den Sünder zu: Orembes SA, finsa aglomerado para muebles. Nach der frischen klaren Bergluft, die ich gewohnt bin, wage ich kaum tief durchzuatmen.

Muss unbedingt zur Toilette. Betrete die nächste Bar an der Landstraße. Die kleine, zarte Barfrau läuft wie ein aufgescheuchtes Huhn hinter dem Tresen hin und her. Das hier was nicht stimmt, nehme ich auch ohne ihre grün -und blauunterlaufenen Augen zu deuten wahr. Zurück vom stillen Ort blicke ich dem Macho-Gemahl unversehens ins Gesicht. Er steht in Drohpose in der Küchentür. Nur raus hier, sagt der Verstand. Benachteiligung von und Gewalt gegen Frauen sind mir mit unterschiedlichen Vorzeichen verdammt oft auf meiner Tour begegnet.

Wild über Bahngeleise, in unübersichtlichen Kurven über gefährliche Schnellstraßen, aber immer geht es unter dem sicheren Geleit der Jakobsmuscheln weiter. Bis man sich in den schmalen, teilweise erschöpfend steilen Gassen von Ourense wiederfindet. Meiner Orientierung spielt dieses Gewirr einen Streich nach dem nächsten.

Die römischen Thermalquellen Las Burgas sollte man sich nicht entgehen lassen. Nicht nur wegen des 65° heißen mineralreichen Wassers, das hervorragend schmeckt, nein, hier lassen sich Beobachtungen anstellen, die gewöhnlicher Alltag andernorts nicht hergibt. Aus dem Souvenirgeschäft oberhalb der Treppe kommt eine beschürzte Frau mit Schrubber und Wischeimer in den Händen herunter. Letzteren hält sie unter die sprudelnde Quelle, als sei es der heimische Wasserhahn, und macht sich sogleich im Geschäft an die Arbeit. Weitere

Stadtbewohner erscheinen mit allen möglichen Behältern, um sie mit dem dampfenden Gesundheitsgut zu füllen. Und erst die Touristen: Sie halten Hände und Füße in den heißen Strahl, bis sie krebsrot sind, und klatschen sich mit ihren feuchten Händen Gesicht und Hals ab. Und ich Pilger fülle mir meine Wasserflasche zu dem Zwecke, sie als Händewärmer mit mir herumzutragen.

Das Herzstück der Stadt ist natürlich die Kathedrale San Martino. Die Jakobsstatue mit beweglichem Schwert und Buch als Teil des Portal des Paradieses (Pórtico del Paraíso) zieht alle Touristen an, nicht nur Pilger. Die moderne Pilgerherberge ist in dem ehemaligen Franziskanerkloster hoch oben auf den Hängen des Miño untergebracht, über die sich die Stadt erstreckt. Der Herbergsbetreuer des Zivilschutzes macht mich gleich auf möglichen Diskomfort in Form von Unruhe aufmerksam, denn es ist ein Bus mit Jugendlichen aus Zaragoza angereist. Sie nehmen an einem Theaterfestival teil. Wie sich herausstellt, ist die Tatsache, dass nur ein Schlüssel herausgegeben wird, die größte Härte. Ich soll den Schlüssel an mich nehmen, weil mein Zimmer unten neben dem Eingang liegt. Eine Pilgergruppe aus Valencia (zwei Schwestern mit ihren Männern), ein Belgier und einige einzelne Fahrradpilger treffen nach mir ein. Die Bude ist brechendvoll. Wie das Schlüsselproblem lösen? Die spanische Gruppe, der Belgier und ich machen einen gemeinsamen Streifzug durch das nächtliche Ourense, für alle anderen gilt, um zwölf wird eingelassen.

An Schlaf ist für mich nicht zu denken. Alle Augenblicke donnert es gegen die große Dielentür oder es fliegen Steinchen gegen die Fensterscheibe. Mich packt die Wut. Auf wen eigentlich, frage ich mich wach im Bett liegend, auf den nächsten Heimkehrer wartend. Die jungen Leute sind nicht Schuld an ihrer Jugend. Ich hätte mir vor 25 Jahren so eine schöne Frühlingsnacht in einer fremden Stadt auch nicht nehmen lassen. Und das sich liebende Paar gegenüber im Duschraum? Was geht mich das an. Sollte ich zur Toilette müssen, was gegen morgen so ist und peinlich berührt sein, muss ich lernen damit umzugehen.

Über die kleine Plaza de Vigo und die Straße Santo Domingo, die man mit ihren 400 Jahre alten Adelshäuser bewohntes Museum nennen mag, marschiere ich locker bergab zur römischen Brücke. Streng genommen ist sie eine romanische, 1230 wiedererbaute. Auf jeden Fall verdanken wir sie den Massen von Pilgern, die den Miño zu queren suchten. Dieser fließt hier ruhiger als anderenorts. Auch auf der anderen Seite der Brücke leiten in den Fußweg eingelassene Fliesen mit blaugelber Pilgermuschel verlässlich weiter. Gut gelaunt tippe ich sie mit dem Stock an. Der Camino Real, also der Königliche Weg, führt steil hinauf in die Vororte von Ourense. Mit jedem Schritt werden die Ausblicke auf die zurückgelassene Stadt schöner. Die optischen Genüsse löschen die über fünf km anhaltende Anstrengung aus. So wie es zuvor auch immer war: Das Schöne verzehrt die Schwere. Wie aber mit der nächsten Pilgerpein, den Verbrennungen von der Sonne, fertig werden? Die Hand am Stock wird mit Taschentüchern umwickelt und die fürchterlich brennenden Lippen klappe ich, wann immer ich mich unbeobachtet fühle, nach innen in den Mundraum, damit der Speichel sie heilen möge.

Marschiere immer in Nähe zur N-525, die aber nie lästig wird, durch schnuckelige kleine Orte. Vor den Bauernhäusern stehen Kamelien in voller Blüte. Hunderte von Blüten, eine solche Fülle bekommen Gartenfreunde im hohen Norden natürlich nie zu Gesicht.

In Cea werden die Pilger mitten im Ort, Haus an Haus mit den Einwohnern, in einem renovierten alten Granitgemäuer mit ebenso altem Hórrero davor untergebracht. Die moderne Glastür ist verschlossen, kein Mensch zu sehen. Es ist Siesta-Zeit. Gehe geradeaus weiter bis zur Rua España, in der ich die Bar Ferrol entdecke. Deren überaus sympathische Wirtin will nicht glauben, dass die Herberge geschlossen ist. Sie wählt sofort den Herbergsbetreuer Orlando Torres an, der gleich darauf erscheint. Ein Unikum von einem Mann. Schwarzer Knebelbart, schwarzer Hut, rote Weste. Er bestätigt, dass die Herberge unverschlossen sei, ich hätte es wohl bei dem Nebeneingang versucht. Gegen Abend will er sich dort sehen lassen für den Stempel. Bei Kaffee und Gebäck schmökere ich im Wanderführer, entdecke seinen Namen und seine Telefonnummer im Teil Unterbringung in Cea. Wie dieser Mann sich freut, als ich ihm das zeige! Das Buch geht in der Bar herum. Für den Abend bestelle ich eine Tortilla patata, die mir die Wirtin von Herzen gern machen will, macht mich aber aus Fairness darauf aufmerksam, dass die Herberge über eine gut ausgestattete Küche verfügt.

Wohlige Wärme ist das erste, das ich beim Eintreten registriere. Hier gibt es Menschen, denen Wohl und Wehe der Pilger am Herzen liegen. Dann das belebende Licht. Über der Treppe in den offen gehaltenen ersten Stock wurde mit architektonischer Raffinesse ein Oberlicht eingelassen. Einfach toll, was man aus diesen alten Wänden gemacht hat.

Auf der Terrasse im ersten Stock ist es herrlich warm. Die Gelegenheit, alle Wollsachen zu waschen und zu trocknen. Danach nehme ich ein Sonnenbad. Die Nachbarn sitzen vor ihrem Haus und spielen mit ihrem Welpen. Sie reichen ihn hoch zu mir. Mutter Hund findet das gar nicht witzig, ich muss den süßen Fratz hinunterbringen. Auch in Cea waren die jungen Männer zwecks Arbeit in den 60ern und 70ern nach Deutschland abgewandert, wird mir erzählt. Alfredo hat 30 Jahre getrennt von Frau und Kindern sein Geld in Deutschland verdient. "Sonst würde es das hier nicht geben", sagt er und zeigt auf sein schmuckes Haus, das zwar nicht neu aber aufs Beste hergerichtet ist. Er erzählt von der Maschinenfabrik, von seinem deutschen Chef, der ihm Jahr für Jahr mehr Geld anbot, um ihn zu halten. Und er blieb. Seine Rente, die jeden Monat aus Deutschland kommt, bereite ihm heute ein sorgenfreies Alter. Wie ich mich für diesen Menschen freue. Ich will schon gehen, weil meine Tortilla wartet, da sagt Alfredo noch: "Die Deutschen sind anders als die Spanier. Sie haben Interesse an Neuem und Fremdem. So wie du mir die ganze Zeit zugehört hast, das gibt es bei Spaniern nicht."

Am Morgen geht nichts mehr. Als hätten sich der wochenlange Kältestress, die Strapazen in Portugal und die ruhelose Nacht in Ourense zusammengetan, um mich kapitulieren zu lassen. Die Erschöpfung ist perfekt. Der fürsorgliche Senor Torres hat vollstes Verständnis, ich darf solange bleiben, bis ich wieder fit bin. Das wäre in der letzten Woche, der Semana Santa, als 441 (!) Personen in Cea übernachteten, nicht gegangen.

Nehme meine Mahlzeiten in der Bar Ferrol ein, in der ich mich wie zu Hause fühle. Amüsiere mich über die 'Doppelkunden', die aus dem Nebenraum, wo der Wirt eine Frisierstube betreibt, in die Bar eintreten und noch auf ein Bier oder einen Café con leche bleiben. Besuche die Bäckerei, die das weithin bekannte Pan de Cea backt, wohlgemerkt in einem Märchenbuchbackofen, der 66 von diesen schmackhaften Rundlingen auf einmal fasst und ruhe, ruhe bis sich die Herberge füllt. Das kälteresistente Paar aus Deutschland trudelt ein. Wie im alltäglichen Leben müssen wir erst mal überlegen, wo wir uns trafen (in Calzada de Valdunciel) und wann (vor zwei Wochen). Sie haben eine Salbe für meine aufgeplatzten verkrusteten Lippen dabei. Die hat mir der Himmel geschickt.

Wieder ist es eisigkalt. Der warme Tag meiner Ankunft in Cea war eine Eintagsfliege. Zum Glück sind meine Wollsachen trocken. Eine neue Variante an Pilgerschaftserschwernis darf heute erprobt werden. Auf dem Pflaster in den Driften steht das Wasser, so dass man auf die beidseitig begleitenden Mauern ausweichen muss. Erst mit Erreichen einer Teerstraße, die deutlich an Höhe zunimmt, ist Schluss damit. Sie gabelt sich vor einer Finca. Schon von weitem sehe ich dort einen schwarzbraunen Schäferhund auf der Lauer liegen. Trotz des Hundesprays in meiner Hand nimmt meine Angst mit jedem Schritt zu. An die Menschen, die hier vorbei müssen, wird kein Gedanke verschwendet. Vielleicht sind die Pilger selber schuld, weil sie den Kontakt mit der Bevölkerung nicht suchen - von Durchlaufpilgern hat niemand etwas - vielleicht ist es aber auch das, was Alfredo bei seinen Landsleuten beobachtet hat.

Das Kloster von Oseira liegt vor mir. Ein gewaltiger Gebäudekomplex aus dem 12.Jahrhundert. Die bogenförmig angelegte Zufahrt zieht sich um eine lockere Blütensträucherhecke mit viel Hibiskus herum. Farbe braucht es an diesem Platz unbedingt, denn die hohen Fassaden der Kirche und des Klosters haben das trostlose Grau jahrhundertealter Patina angesetzt. Eine spanische Besuchergruppe wartet auf Einlass. Sie nehmen mich mit hinein. Mit viel Esprit legt der junge Zisterziensermönch eine unterhaltsame Führung hin. Ich verstehe zwar nicht viel, erlebe aber meine amüsierten Mitbesucher. Um mich einzubeziehen, weist unser Führer besonders auf alles Deutsche bzw. Darstellungen im Zusammenhang mit dem Thema Pilgerschaft hin. Als da sind der

Kloster von Oseira

Heilige Famianus, ein deutscher Mönch, der Wallfahrten nach Santiago, Jerusalem und Rom unternahm und der Heilige Jakob in typischer Pilgerpose mit Hut, Krummstab und Kalebasse in der Klosterkirche. Die schlichte Schönheit des Kircheninnenraumes fasziniert mich. Wer hätte das hinter der aufwendigen barocken Fassade vermutet.

Der Pilgerweg zieht sich an der Klostermauer entlang steil bergauf. So steil, dass der Weg sogar betoniert wurde, um(vermutlich) weiterer Erosion vorzubeugen. Der Blick zurück ist einmalig, man kann sogar in den Innenhof des Klosters schauen. Als 200 Höhenmeter von Oseira aus überwunden sind, tut sich ein neues Tal auf. Welcher der Orte darin mag das Castro Dozón sein, das ich ansteuere. Gute acht km sind laut Wanderführer noch zurückzulegen, also eineinhalb Gehstunden. Die Dörfer da unten hast du aber viel schneller erreicht, weiß die Erfahrung, es muss also irgendwo zwischen den Bergen am Horizont weitergehen. Aber wo? Als ich mir klarmache, wie unwichtig und bedeutungslos es ist, das jetzt zu wissen, zieht eine wunderbare Ruhe in mir ein.

Castro Dozón selbst gibt nicht viel her. Aber im Hostal Ruta Jacobea finden Pilger eine günstige Bleibe und ausgezeichnete Verpflegung. Das deutsche Paar trifft kurz nach mir ein, sie haben eine Amerikanerin mexikanischen Einschlags dabei. Dann der Belgier. Das ist es eben, was Orte ohne Pilgerunterkunft uns vorenthalten, wir treffen einander nicht. Dieser gemütliche Abend im Kreise von Leidensgenossen füllt mein seelisches Kräftereservoir auf.

Am Morgen der Schock: ein Himmel, der schwärzer nicht sein kann, Sturm und Regen. Versuche es per Anhalter. Niemand hält. Muss an Alfredos Worte denken. Durch bis auf die Haut finde ich mich bei den anderen im Unterstand an der Bushaltestelle wieder. Zu allem Übel ist auch noch Sonntag. Ob da überhaupt ein Bus fährt.......Eine Dorfbewohnerin wartet auch. Das lässt hoffen.

Von der überhöhten N-525 aus schaue ich in die friedlich daliegenden Täler, die ich nicht kennen lernen darf. Ohnmacht, selbst die gegen das Wetter, kann ich gar nicht gut wegstecken. Am zentralen Omnibusbahnhof von Lalín steigen wir aus. Muss meine nasse Kleidung gegen trockene aus dem Backpack wechseln. Nach beendeter Prozedur sind meine Leidensgenossen auf und davon. Das nächste Café ist meines. Wärme von innen und außen ist jetzt alles, was zählt.

Gegen Mittag stabilisiert sich das Wetter. Es muss weiterhin mit Schauern gerechnet werden, aber die sind zu händeln. Nehme mir die Wegeskizze aus dem Wanderführer vor. Wenn ich Lalín südwestlich verlasse, könnte ich in Xesta wieder an den Pilgerweg anschließen, hätte nur die Hälfte der Strecke verpasst. Also los. Als mich auch das 15te Auto an der Landstraße nach Xesta stehen lässt, gebe ich auf. Marschiere in westliche Richtung aus Lalin heraus. Irgendwo muss sich diese Straße mit dem Pilgerweg kreuzen, es kann nicht anders sein. Vielleicht habe ich aber die Rechnung ohne die neue Autobahn gemacht, die unter mir verläuft. Der Pilgerweg könnte ihren Bauarbeiten zum Opfer gefallen sein. Auf einmal läuft unverkennbar ca. 200 m vor mir ein Jakobspilger über die Straße. Ein lebendiger Wegweiser.

Es ziehen von Zeit zu Zeit dunkle Wolken auf, die der kräftige Wind aber stets vertreibt. Wie lange das noch gut geht, weiß man nicht. In der Hoffnung, bei dem großen Guss etwas zum Unterstellen zu finden, nehme ich Dorf bei Dorf im Siebenmeilenschritt. In Bendoiro gibt es eine ganz neue Herberge, sagt mein Buch, d.h. wenn die überhaupt schon fertiggestellt ist. Sie ist, an der Tür klebt ein Zettel mit einer Telefonnummer. Noch bevor ich zu Ende gedacht habe, wie hier am Ende der Welt an ein Telefon zu kommen ist, fährt ein Auto vor und eine temperamentvolle Spanierin springt heraus. Es muss mich jemand kommen gesehen und es ihr mitgeteilt haben. Sie schließt mir die Herberge auf und führt mich durch das supermoderne neue Haus. Vor der Küchenzeile stehend frage ich nach den Versorgungsmöglichkeiten. Hier in Bendoiro gibt es nichts zu kaufen und die nächste Bar befindet sich im zwei km entfernten Nachbarort, ist aber heute am Sonntag geschlossen. Ein leerer Magen macht charakterlos, so entscheide ich mich für das kleinere Übel, nämlich diese freundliche Frau enttäuschen zu müssen, indem ich weiter gehe.

Die nächste Herberge ist 18 km von hier entfernt. Knappe vier Stunden werde ich benötigen, mein Ziel also um 21:30 erreichen. Kraft habe ich genug, nur wird das Wetter mitspielen? Der Weg windet sich auf und ab durch grüne, ländliche Täler. Kleine Ansiedlungen bzw. die Nationalstraße mit Wartehäuschen werden wenigstens halbstündlich gestreift und das gibt Hoffnung auf Zuflucht, wenn die dunkle Front im Osten ihre Bedrohung wahrmacht. Beim Verfolgen einer markierten Route weiß man nie, in welche Richtung sich der Weg fortsetzt.

Normalerweise kann es einem egal sein, denn der Weg ist das Ziel, aber jetzt wünsche ich mir bei jeder Abbiegung, es möge bitte links herum weiter gehen. Und das tut es. Über Stunden marschiere ich im Sonnenschein an der Abbruchkante zur Wetterkatastrophe entlang und kann mein Glück kaum fassen.

Bald hätte ich einen gelben Pfeil auf einem Pflasterstein übersehen. Ihm folgend kann man die flechtenbedeckte alte Römerbrücke über den Dezafluss bestaunen, die so gekonnt in die zerklüftete Schlucht eingepasst ist, als sei sie organisch und so gewachsen. Fünf km sollen es laut Wanderführer von der neuen Herberge in Bendoiro bis hierher sein. Weil ich dem Wetter davon laufe, hab ich weniger als eine Stunde gebraucht. Die kleine Santiagokirche in Taboada an der Nationalstraße ist verschlossen und hat weder Dachüberstand noch sonst etwas, das mich unter seine Fittiche nehmen würde, wenn Petrus seine Schotten öffnet.

Keiner kommt von einer Reise so zurück, wie er weggefahren ist, sagt man. Das kann meine Einsicht nur bestätigen, ohne 100%igen Wind- und Wetterschutz keine Pilgertour mehr. Von weitem immer schon mal erspäht, gibt mir die Kleinstadt Silleda das ersehnte Gefühl des Gut-Aufgehoben-Seins. Eine Bar hat immerhin geöffnet und etwas zum Essen kann mir der Wirt auch präsentieren. Dann setzt er sich sofort wieder zu seinen Stammgästen und kloppt Karten. Was mich stets aufs Neue begeistert, ist die Hingabe, mit der in diesem Land gespielt wird. Beim Karten- wie Dominospiel gleichermaßen.

Hab gerade den Ortsausgang von Silleda erreicht, als auf einmal pechschwarze Nacht hereinbricht. "Lauf auf die andere Seite zur Protección Civil", ruft mir eine Passantin zu. In letzter Minute erreiche ich den Unterstand der Bereitschafswagen, da prasseln auch schon Hagelkörner in Haselnussgröße hernieder. Es ist so laut, dass die Freiwilligen des Zivilschutzes mich nicht verstehen können. Wir flüchten in die beheizte Baubude. Sie bieten mir an, mich in die Herberge zu bringen. Wie könnte ich das ablehnen!

Ein Notruf kommt rein. Ein Patient muss ins Krankenhaus nach Santiago gebracht werden. Ich soll warten. Das Schwarz des 'Weltuntergangs' gibt sich weiter an die Nacht. Es wird neun, zehn, elf. Der Ambulanzwagen ist auf dem Rückweg in eine unwetterbedingte Sperrung geraten. Der Fahrer tauscht schnell die Autos. Wir verlassen den Ort, dann die Nationalstraße, dann die Landstraße. Landen auf einem Nebenweg jott-we-de. Zum Glück empfinde ich zu dem Menschen am Steuer Vertrauen, aufgrund seines Ehrenamtes auch Achtung. Wir halten vor einem grünen Tor aus Maschendraht. Er steigt aus und öffnet. Kann einen Tennisplatz und ein Schwimmbecken erkennen, die Herberge gehört zu einem Sportzentrum. Der freiwillige Helfer läuft aufgeregt mit seinem Handy hin und her. Um Mitternacht erscheint die für die Herberge Zuständige mit dem Schlüssel. Sie stempelt meinen Pilgerpass, kassiert die Übernachtungsgebühr und will wissen, wann ich morgen aufstehe. Dann setzt sie sich in ihr Auto und fährt davon.

Die Zimmer gefallen mir. Sie sind mit Parkettboden ausgestattet, haben zwei oder drei Betten und ein eigenes Bad. Leider ist die Heizung nicht in Betrieb und warmes Wasser gibt es auch nicht. Egal, ich hab ein Dach überm Kopf. Hole mir aus den anderen Zimmern die Wolldecken dazu.

Frühmorgens reißt mich ein beklemmendes Gefühl aus dem Schlaf. Gehe zum Fenster und siehe da, es lässt sich nicht öffnen. Kein Fenster im ganzen Haus lässt sich öffnen und auch keine Tür! Man hat mich eingeschlossen. Würde hier ein Feuer ausbrechen...Das denke ich nicht das erste Mal. Brandschutztechnische Sicherheitsmängel - gibt es die nur in meinem bürokratischen, überreglementierten Heimatland?

Die Herbergsbetreuerin erscheint Punkt acht zu meiner Aufstehenszeit. Es regnet immer noch und darum bitte ich sie, mich mit in den Ort zu nehmen. Für 5 Euro will sie es tun. Wenn ich etwas hasse, dann ist es das schamlose Ausnutzen von Menschen in Notsituationen. Ich verzichte, stelle mich draußen unter, will warten, bis der Regen nachlässt.

Kann keine Pilgerwegsmarkierung finden, obwohl mir der ehrenamtliche Helfer versicherte, sie setzten sich von der Herberge aus fort. Bin bald eine Stunde unterwegs. Das Tal dort vor mir wird mir einen Überblick verschaffen. Wenn ich die Nationalstraße sichte, ist alles in Butter, denn die geht geradewegs nach Santiago.

Ein herrlich anzuschauendes, ausladendes Tal, aber von der Nationalstraße keine Spur. Ein Auto fährt aus einer Toreinfahrt heraus. Die junge Fahrerin nimmt mir meine Illusionen, ich bin völlig falsch. Sie setzt mich auf ihrem Weg zur Arbeit in der Hauptstraße von Bandeira ab. Da hab ich die Nationalstraße endlich. Das nächste Café ist meins. Als ich die Wärme des geheizten Raumes spüre, ein Frühstück, das die Bezeichnung verdient, vor mir steht, und in der blaugelben Muschel an der Häuserwand gegenüber einen verlässlichen Wegweiser gefunden habe, durchströmt mich ein Gefühl tiefster Zufriedenheit.

Ca.18 km werden es sein bis zur nächsten Herberge. Auch sie ist wie die in Bendoiro von der galizischen Jakobsweg-Organisation Xacobea zum Jubiläumsjahr gebaut worden. Es regnet, aber wie ich es gerne nenne, in freundlicher Weise. Muss in den Kuhdriften in bekannter Art über die Mauern balancieren oder über umliegendes Grünland ausweichen. Wo Wasser zusammenlaufen kann, da tut es das auch. Das feuchte Element hat auch heute das alleinige Sagen.

In Seixo muss ich mich aufwärmen. An was ist allerdings die Frage, die Bar hat keine Heizquelle. Aber für einen Moment mal nicht besprenkelt zu werden, die klammen Finger warm rubbeln, ist auch schon viel. Bis Ponte Ulla sind es nur zwei, drei Kilometer, gibt mir die freundliche Wirtin mit auf den Weg. Wenig später staune ich nur noch. Hatte ich das nicht schon mal (zwischen Candedo und Edral in Portugal) - eine Entfernungsangabe, die hinter dem Wesentlichen, das ungenannt bleibt, ins Bedeutungslose gerät! Es geht so gewaltig steil ins Ulla-Tal hinab, dass mir die Beine vom Abbremsen schmerzen. Lächerlich gegen den optischen Genuss: Über dem traumhaften Ulla-Tal dominiert eine alte, mehrbögige Eisenbahnbrücke, die den blühenden Hang, auf dem ich gerade herunterbremse, mit dem auf der anderen Flussseite verbindet. Mein Weg führt auf sie zu, biegt dann aber doch nach links weg. Ein Idyll von Farnen,

Brücke bei Ponte Ulla

frischem Kraut und bemoostem Gestein heißt mich an den Ufern des Ulla willkommen. Nur noch die historische Brücke passieren und man hat das Zentrum von Ponte Ulla erreicht.

Ganz überraschend leiten mich die Pilgermuscheln über ein schmales altes Kopfsteinpflaster wieder hinauf. Damit hab ich nicht gerechnet. Ein Blick in den Wanderführer klärt schonungslos auf: Die Herberge in Bandeira und die nächste in Santiaguiño liegen auf gleichem Level.

Es regnet wieder, geht über die freundliche Weise hinaus. Der Waldweg gibt Schutz. Bis zur Herberge kann es nicht mehr weit sein. Eine kleine Kapelle, gegenüber ein Dorfbrunnen, drei, vier Wohnhäuser und die neue Herberge....Ich glaub es nicht! Alles fix und fertig, sogar die frische Raseneinsaat sprießt, aber sie ist noch nicht eröffnet!

Was tun? Bis Santiago sind es 17 km, bei schönem Wetter gar kein Thema. Aber bei dem mehr und mehr werdenden Regen? Egal, diesmal nehme ich nicht den Bus, lasse mir das überwältigende Gefühl nach Santiago einzumarschieren nicht nehmen.

Krame den Plastiksack, in dem mein Rucksack beim Flugtransport verschwindet und den Wechselpulli heraus. Nach Tuaregmanier umwickele ich meinen Kopf mit dem Pulli, lege den Plastiksack darüber und halte ihn an seinen vorderen Zipfeln in Kinnhöhe fest. Das mag aussehen wie es will. Viel entscheidender ist die Frage, ob die Arme in dieser Stellung durchhalten. Erst mal losgehen. Weiter unten, wo die Nationalstraße verläuft, sieht es heller aus. Vielleicht führt mich der Pilgerweg hinab, dahin, wo es nicht regnet, so dass ich diese Folterhaltung beenden kann.

Der Regen nimmt eher zu. Windböen fegen mir den Plastiksack vom Kopf. Nun kann nur noch eines helfen: durchhalten wollen. Und ich will. Die Landschaft entschädigt tausendfach. Mehr noch, sie ist einer der schönsten Streckenabschnitte der gesamten Via de la Plata. In Susana an der N-525 muss ich, weil ich muss, eine Bar aufsuchen. Wie die mich alle angucken! Man mag mich für verrückt halten oder sich über die Wasserlache unter meinem Stuhl ereifern, mir ist das so was von egal. Ich fühle mich wie gedopt.

Noch acht Kilometer. Trocken ist an mir gar nichts mehr. Meine Füße stehen in den Wanderstiefeln im Wasser. Aber der Charme der kleinen Dörfer, die ich passiere, teilt sich mir auch unter diesen Umständen mit. Das letzte, Angrois, schmiegt sich unmittelbar an die Stadt an. Ein letztes Mal spüre ich das holprige Pflaster des Camino Real unter meinen Füßen, dann sind die Ausläufer der historischen Stadt erreicht. Die verwinkelten Gassen von Santiago verwirren mich, wie sie es schon im letzten Jahr vermochten.

Im Pilgerbüro tropfe ich vor mich hin, als hätte man mich aus dem Wasser gezogen. In diesem Zustand kann ich kein Papier anfassen. Handtuch raus, Hände, Gesicht, Haare trocknen. Dann Pilgerurkunde eintüten und ab zur Herberge. Ob man es glaubt oder nicht, die Herberge im Seminario Menor de Belvis verfügt über zig Heizkörper, aber alle sind kalt. Die Heizung ist nicht in Betrieb. Ein heißes Duschbad rettet mich. Danach türme ich die alten, kratzigen Wolldecken meiner unbelegten Nachbarbetten über mich und verabschiede diesen Tag.

Von zehn bis elf müssen alle die Herberge verlassen, dürfen danach wieder einchecken. Mit drei Plastiktüten voller nasser Klamotten und dem Backpack auf dem Rücken gehe ich frühstücken. Dann einchecken, Wäscheleine spannen und behängen, heiß duschen und ab in den 12:00 Pilgergottesdienst in der Kathedrale. Jetzt, im Heiligen Jahr, wird der 54 kg schwere Weihrauchkessel, der einzigartige botafumeiro, in jeder Messe geschwenkt. Eine faszinierende Zeremonie, an der ich mich gar nicht satt sehen kann. Daran ändert auch die dicht gedrängte Menschenmenge um mich herum nichts. Beim Verlassen der Kathedrale habe ich das kälteresistente deutsche Paar vor mir. Sie sind gerade aus Ponte Ulla gekommen. Als sie gestern im strömenden Regen vor der nicht geöffneten neuen Herberge standen, sind sie zurück nach Ponte Ulla gegangen und haben sich dort im Restaurante Rios, das neben kulinarischen Genüssen auch gemütliche Fremdenzimmer anbietet, verwöhnen lassen. Darauf bin ich nicht gekommen. Auch Rückwege sind Wege.

Wir verabreden uns zum Abendessen im Parador Hotel. Aus Tradition, weil diese Mauern schon im 16.Jahrhundert Jakobspilger beherbergten, beköstigt das Hotel täglich zu allen drei Mahlzeiten zehn Pilger, die eine Kopie von ihrer Pilgerurkunde vorlegen. Vor der Tiefgarageneinfahrt versammeln wir uns, haben unendlich viel auszutauschen. Kein Gebrechen, keine Härte, die nicht ein jeder von uns kennt. Dazu gesellen sich Individualprobleme, wie beispielsweise das von David (23J.) aus Schweden. Er kommt täglich dreimal ins Parador zum Essen (die ersten drei Tage nach Ausstellung der Compostela-Urkunde möglich). David hat auf dem Camino Francés sehr viel Gewicht verloren und seit seiner Ankunft in Santiago nur noch Hunger.

Das Wetter wird etwas freundlicher, es kommt zeitweise sogar die Sonne durch. Das nutze ich, um meine Kleidung trocken zu laufen. In der Herberge trocknet gar nichts. Lege mir einen nassen Pullover zur Zeit (es gibt drei davon) über die Schultern und gehe damit ganz normal meinen Besichtigungsabsichten nach. Im Kloster San Martino Pinario wird die Ausstellung Luces de Peregrinación gezeigt, kostbare Einzelstücke aus heiligen Stätten entlang der spanischen Pilgerwege. Die Räume sind auf 20° aufgeheizt. Am liebsten würde ich meine nassen Sachen hier verstecken, denn morgen soll es nach Hause gehen und das nasse Zeug im Backpack würde alles Papierige verderben.

Aufstehen, duschen, packen, kurz vorm Omnibusbahnhof noch einen letzten Café con leche, dann bringt mich der Alsa-Express direkt nach Madrid. Um 18:00 soll der Flieger nach Hamburg gehen. Klappt alles wie am Schnürchen. Santiago - Hamburg in weniger als 15 Stunden, nicht alles ging so glatt wie dieser letzte Schritt. Und doch heilige ich einen jeden von ihnen.

Nur drei Dinge nahm er auf seine Pilgerreise-
die Augen, geöffnet für die Weite,
die Ohren, gespitzt, und den leichten Schritt...

Pablo Neruda

Übersicht über die OutdoorHandbücher zu den Jakobswegen

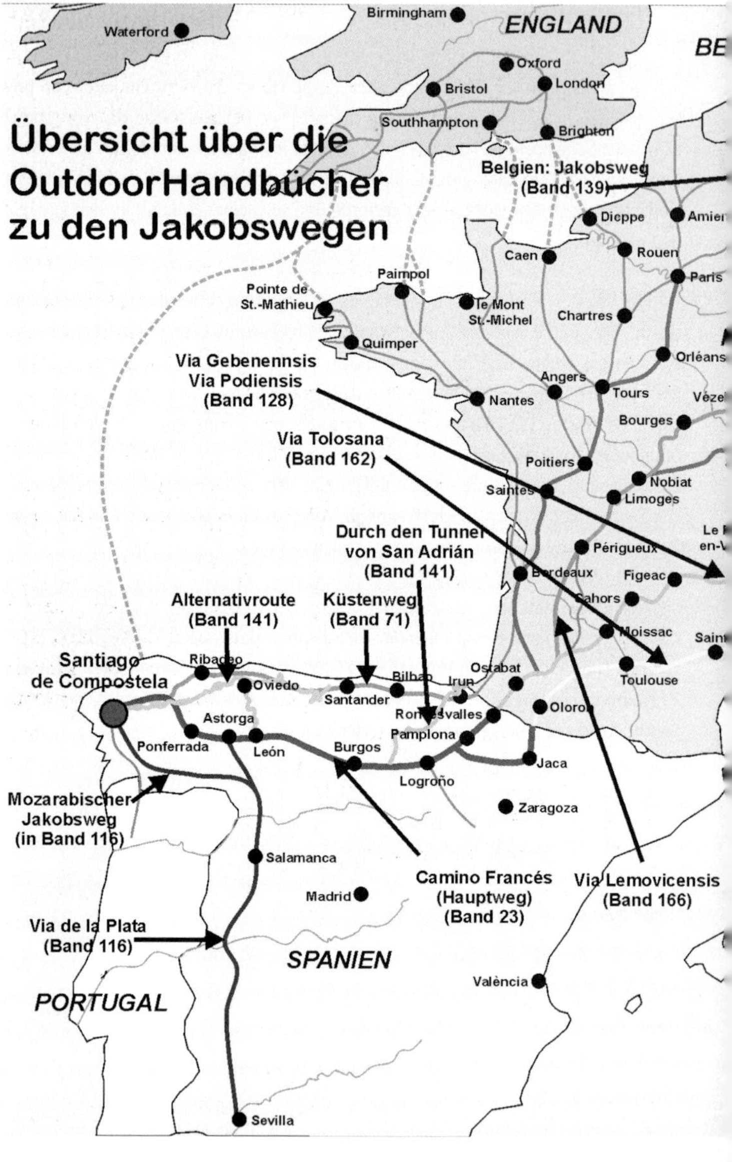

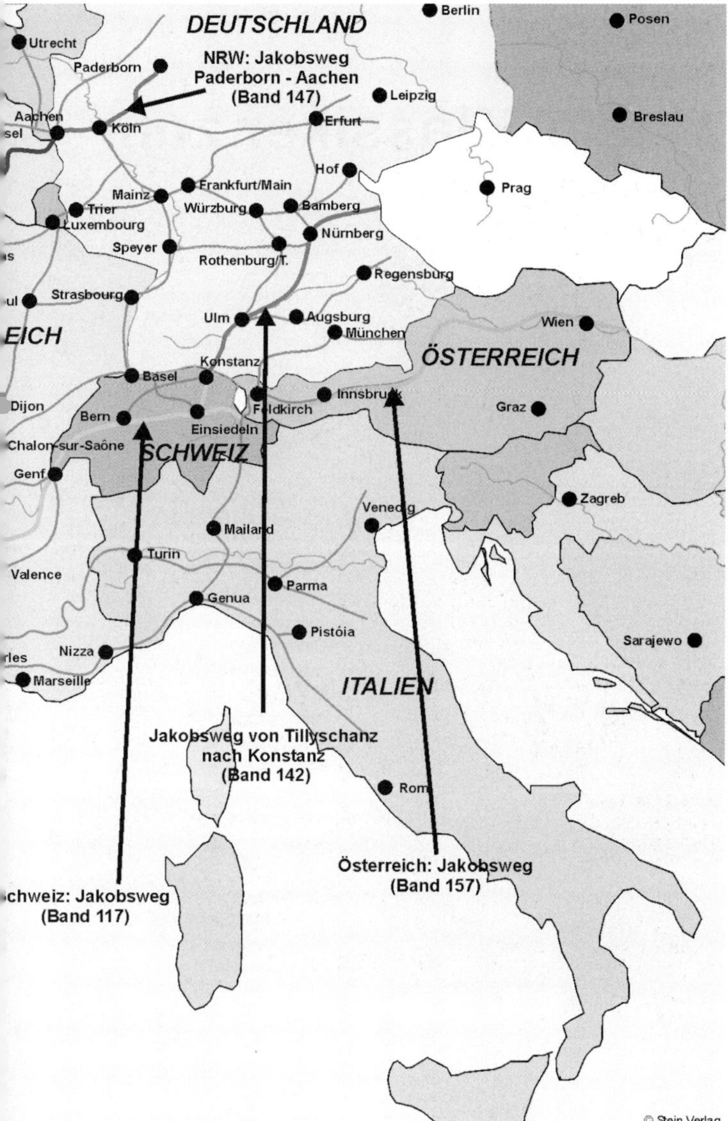
DEUTSCHLAND
NRW: Jakobsweg
Paderborn - Aachen
(Band 147)
Berlin
Posen
Utrecht
Paderborn
Leipzig
Aachen
Köln
Erfurt
Breslau
Hof
Mainz
Frankfurt/Main
Prag
Trier
Würzburg
Bamberg
Luxembourg
Nürnberg
Speyer
Rothenburg/T.
Regensburg
Strasbourg
Ulm
Augsburg
München
Wien
ÖSTERREICH
Konstanz
Basel
Innsbruck
Feldkirch
Dijon
Bern
Einsiedeln
Graz
Chalon-sur-Saône
SCHWEIZ
Genf
Zagreb
Venedig
Mailand
Turin
Valence
Parma
Genua
Pistóia
Sarajewo
Nizza
Marseille
ITALIEN
Jakobsweg von Tillyschanz
nach Konstanz
(Band 142)
Rom
Österreich: Jakobsweg
(Band 157)
(Band 117)

Unser Klassiker zum spanischen Jakobsweg

Michael Kasper und
Michael Moll
Spanien: Jakobsweg
Camino Francés
OutdoorHandbuch
Band 23
Der Weg ist das Ziel
Conrad Stein Verlag
200 Seiten
13 farbige und
29 sw. Abbildungen
20 Kartenskizzen
ISBN 3-89392-623-2

- ▷ Einleitung
- ▷ Reise-Infos von A bis Z
- ▷ Der Aragonesische Weg
- ▷ Der Navarrische Weg
- ▷ Vereinigung beider Wege: Camino Francés
- ▷ Der Weg zum Kap Finisterre

Alle Bücher aus dem Conrad Stein Verlag

OutdoorHandbücher - Basiswissen für draußen

Band		€
1	Rafting	6,90
2	Mountainbiking	7,90
3	Knoten	6,90
4	Karte Kompass GPS	7,90
5	Essbare Wildpflanzen	7,90
6	Skiwandern	6,90
7	Wildniswandern	6,90
8	Kochen 1 aus Rucks. u. Packt.	7,90
9	Bergwandern	6,90
10	Solo im Kanu	6,90
11	Kanuwandern	7,90
12	Fotografieren	7,90
13	Wetter	6,90
14	Allein im Wald - Survival für Kinder	6,90
15	Wandern mit Kind	6,90
16	Sex-Vorb. Technik Varianten	6,90
20	Wüsten-Survival	7,90
21	Angeln	7,90
22	Leben in der Wildnis	7,90
24	Ratgeber rund ums Wohnmobil	7,90
25	Wale beobachten	7,90
30	Spuren & Fährten	6,90
31	Canyoning	7,90
34	Radwandern	7,90
35	Mushing - Hundeschlittenfahren	7,90
36	Gesund unterwegs	6,90
39	Erste Hilfe	7,90
45	Solotrekking	6,90
48	Für Frauen	6,90
58	Fahrtensegeln	7,90
65	Seekajak	6,90
68	Minimal Impact - Outdoor - naturverträglich	6,90
69	Abenteuer Teeniegruppe	6,90
70	Wintertrekking	6,90
72	Schnorcheln und Tauchen	6,90
73	Trekkingreiten	7,90
77	Wohnmobil in USA und Kanada	9,90
86	Regenwaldexpeditionen	7,90
94	Wattwandern	7,90
97	Urlaub auf dem Land	7,90
99	Kochen 2 - für Camper	6,90
100	Ausrüstung 1 - von Kopf bis Fuß	7,90
101	Ausrüstung 2 - für Camp und Küche	7,90
102	Ballonfahren	7,90
103	How to shit in the Woods	7,90
104	Globetrotten	7,90
106	Daumensprung und Jakobsstab	6,90
108	DocHoliday - Taschendoktor für Outdoorer, Traveller und Yachties	6,90
120	Trailfinder - Orientierung ohne Kompass und GPS	6,90
129	Kochen 3 - für Zeltlager & Freizeiten	7,90
131	Zeltlager und Jugendfreizeiten - Planung und Vorbereitung	7,90
138	Zeltlager und Jugendfreizeiten 2 Durchführung	7,90
143	Trekking mit Hund	9,90
148	Wenn Kinder fliegen	7,90
165	Fastenwandern	7,90
170	Höhlen - Praxistipps	7,90
176	Vulkane erleben	7,90
181	Kurzweilfibel	7,90
184	Trekking Ultraleicht	7,90

OutdoorHandbücher - Der Weg ist das Ziel

Band		€
17	Schweden: Sarek, Padjelanta, Abisco.	12,90
18	Schweden: Kungsleden	12,90
19	Kanada: Yukon - Kanu- und Floß	12,90
23	Spanien: Jakobsweg	14,90
26	Schottland: West Highland Way	12,90
27	John Muir Trail (USA)	10,90
28	Landmannalaugar (Island) (06)	12,90
29	Kanada: West Coast Trail	9,90
32	Polen: Radtouren in Masuren	12,90
33	Trans-Alatau (GUS)	10,90
37	Kanada: Bowron Lakes	10,90
38	Polen: Kanutouren in Masuren	12,90
40	Trans-Korsika - GR 20	12,90
41	Norwegen: Hardangervidda	12,90
42	Nepal: Annapurna	9,90
43	Schottland: Whisky Trail	12,90
44	Tansania: Kilimanjaro	14,90
49	USA: Grand Canyon Trails	10,90
50	Kanada: Banff & Yoho NP	10,90
51	Tasmanien: Overland Track	12,90
52	Neuseeland: Fiordland	10,90
53	Irland: Shannon-Erne	12,90
54	Südafrika: Drakensberge	10,90
55	Spanien: Pyrenäenweg GR 11	12,90
56	Polen: Drawa-Kanutour	9,90
57	Kanada: Great Divide Trails	10,90
59	Kanada: Wood Buffalo NP (Kanu)	9,90
60	Kanada: Chilkoot Trail	9,90
61	Kanada: Rocky Mountains-Radt.	10,90
62	Irland: Kerry Way	12,90
63	Schweden: Dalsland-Kanal	12,90
64	England: Pennine Way	12,90
66	Alaska Highway	12,90
71	N-Spanien: Jakobsweg-Küstenweg	12,90
74	Nordirland: Coastal Ulster Way	10,90
76	Pfälzerwald-Vogesen-Weg	9,90
78	Polen: Pisa-Narew (Kanuroute)	9,90
79	Bolivien: Choro Trail	10,90
80	Peru: Inka Trail u. Region Cusco	12,90
81	Chile: Torres del Paine	12,90
82	Norwegen: Jotunheimen	12,90
83	Neuseeland: Stewart Island	9,90
84	USA: Route 66	9,90
85	Finnland: Bärenrunde	9,90
87	Montblanc-Rundweg - TMB	9,90
88	Griechenland: Trans-Kreta	12,90
89	Schweden: Skåneleden	9,90
90	Mallorca: Serra de Tramuntana	9,90
91	Italien: Trans-Apennin	9,90
92	England: Themse-Ring	9,90
93	Spanien: Sierra Nevada	12,90
95	Norwegen: Nordkap-Route	12,90
96	Polen: Czarna Hancza/Biebrza-Kanu	9,90
98	Wales: Offa's Dyke Path	9,90
107	GR 5: Genfer See - Nizza	12,90
109	Mecklenburgische Seenplatte	9,90
112	Norwegen: Telemark-Kanal	9,90
113	Thüringen: Rennsteig	9,90
114	Alpen: Dreiländerweg (CH-A-I)	9,90
115	Tschechien: Freundschaftsweg	12,90
116	Spanien: Jakobsweg - Via de la Plata	14,90
117	Schweiz: Jakobsweg	12,90
118	Rund Australien	14,90

119	Schwäb. Alb: Hauptwanderweg	12,90
121	Italien: Dolomiten-Rundweg	9,90
122	Schwarzwald-Jura-Weg	9,90
127	Uganda: Ruwenzori-Wand. (05)	12,90
128	Frankreich: Jakobsweg v. Genf... nach Saint-Jean-Pied-de-Port	14,90
132	Dem Kommissar auf der Spur - ein lit. Reiseführer zu Kriminalschauplätzen.	12,90
133	NRW: Natur und KulTour (per Rad)	12,90
134	Deutschland: Vorpommern Radtour durch die Nationalparks	9,90
135	Deutschland: Schleswig-Holstein Tour	9,90
136	Schweiz: Matterhorn - Tour du Cervin	9,90
137	Grönland: Arctic Circle Trail	12,90
139	Belgien: Jakobsweg - Via Mosana	9,90
140	Italien: Alpiner Wanderweg Friaul	12,90
141	Nordspanien: Jakobsweg Alternativroute	12,90
142	Jakobsweg Tillyschanz-Konstanz	9,90
144	Kanada: East Coast Trail	9,90
145	Rund Bornholm zu Fuß u. p. Rad (06)	9,90
146	Tschechien: Isergebirge	12,90
147	NRW: Jakobsweg	12,90
149	Norsp. Jakobsweg Tunnel v. San Adrian	9,90
150	England: Cleveland Way	9,90
151	Kirgistan: Trekking im Tienschan	12,90
152	Nepal: Langtang, Gosaikund u. Helambu	12,90
154	Deutschland: Rothaarsteig	9,90
155	Odenwald-Scharzwald-Weg (06)	9,90
156	Südafrika: Wild Coast Trail	9,90
157	Österreich: Jakobsweg	14,90
159	Sächsische Schweiz Trekkingt.	9,90
160	Brandenburg: Wochenendtouren rund um Berlin	9,90
161	Italien: Ligurischer Höhenweg	12,90
162	Frankr.: Jakobsweg - Via Tolosana	12,90
163	Harz: Hexenstieg	9,90
164	Teutoburger Wald: Hermannsweg	9,90
166	Frankreich Jakobsweg: Via Lemovicensis	12,90
167	Niederl.: Nordseeküstenradweg	12,90
171	Türkei: Lykischer Weg	9,90

OutdoorHandbücher - Fernweh-Schmöker

Band		€
46	Blockhüttentagebuch (R. Höh)	12,90
47	Floßfahrt nach Alaska (R. Höh)	10,90
75	Auf nach Down Under (Australien)	7,90
105	Südsee-Trauminsel (Tom Neale)	9,90
110	Huskygesang - Hundeschlittenf.	7,90
111	Liebe - Schnaps - Tod (Thailand)	7,90
123	Pacific Crest Trail (USA)	9,90
124	Zwei Greenhorns in Alaska	6,90
125	Auf dem Weg zu Jakob	9,90
126	Kilimanjaro-Lesebuch	7,90
130	1000 Tage Wohnmobil	12,90
153	Jakobsweg - Lesebuch	7,90
158	Inselfieber	9,90
182	Als Frau allein auf der Via de la Plata	7,90

ReiseHandbücher

Äthiopien	22,90	Libyen	22,90
Antarktis	24,90	Rumänien	14,90
Grönland	14,90	Schweiz	18,90
Iran	22,90	Sibirien	22,90
Kiel	9,90	Spitzbergen-Handbuch	22,90
Kiel von oben - Luftbildband	9,90	Tansania / Sansibar	19,90
Kurs Nord	24,90		

Fremdsprech

Band		€			
1	Oh, dieses Dänisch	4,90	5	Oh, dieses Französisch	4,90
2	Oh, dieses Schwedisch	4,90	6	Oh. dieses Russisch	4,90
3	Oh, dieses Spanisch	4,90	7	Oh, dieses Norwegisch	4,90
4	Oh, dieses Englisch	4,90	8	Oh, dieses Niederländisch	4,90
			9	Oh, dieses Chinesisch	4,90